기
도
수
업

최
학
선 지음

국민북스

눈물겨운 스토리가 담긴 기도의 책입니다. 고난을 기도와 감사로 반응한 성스러운 스토리입니다. 이 기도의 책 속에 아내의 고통을 껴안고 기도한 저자의 거룩한 삶이 울림으로 다가옵니다. 고통 중에 무너져 내린 것이 아니라 고통을 진주로 만들어낸 스토리입니다. 경험과 깊은 기도의 성경적 원리를 함께 담았습니다. 병원에서 가정에서 차 안에서 일터의 현장에서 기도하는 중에 고난을 이겨낸 스토리입니다. 기도하기 원하는 이 시대의 모든 크리스천들에게 일독을 추천합니다.

강준민 목사 LA 새생명비전교회 담임

이 책의 일독을 강력히 권합니다. 그 이유는 저자야말로 신앙의 근간을 이루는 기도와 말씀 읽기를 실천해 온 분이라는 사실을 생생하게 보아왔기 때문입니다. 이 책은 저자의 삶을 그대로 투영하고 있습니다. 삶과 글이 일치된 책이어서 더욱 귀합니다. 저자에게 기도는 교리나 성화, 기복 차원을 넘어선 것입니다. 그에게 기도는 생존의 뿌리요, 치유의 묘약이며, 부활의 능력입니다. 치과 원장, 목회자, 의료 선교사, 사랑의 실천가 등 다양한 사역을 펼치는 그는 "기도가 아니면 살 수 없다"고 고백합니다. 그에게 기도는 절절한 현실적 신앙고백입니다.

이 책에서 저자는 자신이 체험한 기도의 능력을 일상의 언어로 전달하며 누구나 기도하며 하나님과 소통할 수 있음을 강조합니다. 기도는 사명이며, 훈련이며, 동행이며, 사랑이라는 점을 알려줍니다. '기도수업'이라는 책 제목대로 독자들은 기도의 정의를 넘어 실제로 어떻게, 무엇을 위해 기도해야 하는지를 배우게 됩니다. 저자가 기도하며 걸어온 영적 순례를 관찰하고, 학습하며, 실습할 수 있는 기회를 제공 받습니다.

저자의 삶을 통한 '기도수업'을 통해 이미 은혜와 도전을 받고 동역자로 기도의 삶을 실천하는 수많은 성도들과 목회자, 선교사, 신학교 관계자들이 있습니다. 이제 이 책을 통해 진실한 기도의 삶이 미국 한인사회를 넘어 한국과 열방으로 펼쳐지기를 기대합니다.

이광길 박사 리더십 전문가, LA소마대학 총장

기도와 감사로 인생을 물들이고 싶다는 저자의 말이 가슴에 와 닿습니다. 가족에게 임한 고통에 함몰되지 않고 그 고통을 기도로 치환하면서 오히려 감사의 삶, 사랑의 삶을 살고 있는 저자를 통해 많은 감동을 받습니다. 부디 이 책을 통해 한국 교회 성도들이 기도가 사명이며, 동행이며, 훈련이며, 사랑이라는 사실을 깨닫기 바라며 적극 추천합니다.

이찬수 목사 분당우리교회 담임

이 책의 저자 최학선 박사님은 기도의 사람입니다. 저는 그를 통해 어떤 상황에서도 포기하지 않고 감사를 노래하는 삶을 배웠습니다. 갑자기 찾아온 아내의 질병과 긴 병상에서의 시간, 끝나지 않을 것 같은 고통의 시간을 그는 기도로 채웠습니다. 만약 인생에 고난이 없었다면 그는 성공한 치과 의사로 평생을 풍요롭게 살았을 것입니다. 그러나 고통의 계곡에서 예수님을 만난 후 모든 것이 하나님을 위한 삶으로 변화되었습니다. 그는 지금 무료 병원을 운영하고,

기도수업

정기적으로 의료 선교를 떠나며, 물질적 필요가 있는 이웃들을 보이지 않게 섬기는 값진 인생을 살아가고 있습니다. 그 뿐만이 아니라 지난 몇 해 동안 그는 미국 루이지애나에 있는 10여 명의 외롭고 힘든 성도들을 위해 매주 비행기를 타고 가야하는 수고도 마다하지 않았습니다. 일주일 내내 병원에서 일을 하고, 금요일 저녁이면 어김없이 로스앤젤레스에서 루이지애나로 향했습니다. 새벽에 도착해 주일을 섬기고, 다시 월요일 새벽에 돌아오는 힘든 일정을 묵묵히 소화했습니다. 이처럼 그의 삶은 곳곳이 '거룩한 낭비'로 채워져 있습니다. 그런 삶을 보아온 나는 저자를 사랑하고 존경합니다. 이 책 '기도수업'은 단순한 이론서가 아닙니다. 기도가 삶을 이끌고 삶이 기도를 증명하는 신앙의 여정이 담겨있습니다. 이 책을 읽는 동안 독자들은 기도의 능력을 배우고 사모하게 될 것입니다. 오늘 기도가 목마른가요? 그렇다면 '기도수업'을 읽으시기 바랍니다. 그럼으로써 저자가 경험한 바와 같이 그리스도로 풍성한 삶을 살 수 있을 것입니다. 기쁜 마음으로 '기도수업'을 추천합니다.

이상훈 박사 America Evangelical University(미성대학교) 총장

고통의 계곡에서
참된 기도의
빛을 발견하다

나는 기도와 감사로 내 인생을 물들이고 싶다. 나뿐만 아니라 내가 사랑하는 사람들, 이 땅의 모든 사람 역시 어떤 처지에 있든 기도와 감사로 자신의 삶이 물들기를 진심으로 소망한다. 이제 나에게는 살아갈 날이, 살아온 날보다 훨씬 적어졌다. 그러나 슬프지 않다. 나는 지금 어느 때보다 더 감사하고 더 기도하며 산다. 그래서 더 행복하다. 기도와 감사로 내 인생이 물들여지면 질수록 나는 점점 더 행복해질 것이다.

되돌아보면, 나의 인생은 행복과는 거리가 먼 삶이었다. 고통의 심연 속에 허우적거리며 원망의 삶을 살아갈 수도 있었다. 그 불행은 갑자기 다가왔다. 19년 전 어느 날, 사랑하는 아내가 쓰러졌다. 단 한 번도 생각해보지 않았던 일이 내 가족에게 일어났다. 그리고 그것이 내 인생을 바꾸어 놓았다.

아내가 쓰러진 후, 나는 수없이 하늘을 향해 "주여, 왜?"를 외쳤다. 불면의 밤을 지새우며 "하나님, 도대체 내게 왜 이러세요?"라며 절규했다. 고통의 끝은 보이지 않았다. 그 누구도, 그 어떤 책도, 그 어느 위로도 고통과 슬픔의 시간을 줄여주지 못했다. 고통의 시간을 온전히 싸우는 것은 전적으로 내 몫이었다. 슬픔을 뼈에 새기는 시간이 필요하다는 사실도 그때 알았다.

나는 고통과 슬픔을 뼈에 새기는 긴 여정 속에서도 기도를 잃지 않았다. 하나님을 떠나지도 않았다. 그리고 하나님을 조금씩 알아가며 그분에 대해 새롭게 생각할 수 있었다. 그것이야말로 크나큰 은혜라는 사실을 알았다. 하나님께서 나에게 직접 다가오셨음을 나중에야 깨달은 것이다.

영원할 것만 같았던 고통과 슬픔의 끝이 보이기 시작했다. 계속 기도하고 말씀을 묵상하면서 하나님이 주시는 평안과 위로를 느끼기 시작한 것이다. 나를 향한 하나님의 뜻도 어렴풋이나마 깨달을 수 있었다.

나는 아내가 거뜬하게 일어서기를 소망하며 기도했다. 그것은 기적과 같은 일이었다. 나는 기도하며 기적을 갈구했다. 지금도 나는 하나님께서 충분히 기적을 행하시는 분이라는 것을 믿는다. 그러나 나는 이제 그 같은 기적보다 이 한 가지를 더 구한다.

"하나님. 나와 함께, 우리 가족과 함께 있어 주세요. 그러면 됩니다."

고통의 끝자락에서, 나는 가족의 불행과 슬픔이 가져다준 소중한 가치를 헤아려 볼 수 있게 됐다. 기도와 감사의 가치를 새롭게 발견하게 된 것이다. 기도를 통해, 이 세상의 삶은 잠시 지나가는 인턴십과 같다는 것을 깨달았다. 나는 지금 영원한 하늘나라의 본향을 향한 여정에 있다. 가장 중요한 것은 그 본향으로 향하는 길을 찾는 것이다.

나는 기도가 하나님 앞에 나아가는 믿음의 길이라는 사실을 깨달았다. 그리고 기도하면서 감사하게 되었다. 기도를 계속하다 보니 점점 더 '범사에 감사하게' 된 것이다. 감사의 힘은 대단했다. 감사가 내 인생을 풍성하게 해주었다. "기도와 감사"는 내 인생에 임한 하나님의 큰 은혜였다.

사랑하는 사람은 사랑의 대상에게 가장 좋은 것을 주고 싶어 한다. 하나님은 우리에게 가장 좋으신 분이다. 나는 이웃을 사랑한다. 이것이 입술로만 아니라, 마음으로부터 나올 수 있게 된 것을 감사한다.

나는 가장 좋은 하나님과 만나는 기도를 이웃에게 알려주고 싶다. 그들의 삶 역시 기도와 감사로 물들여지기를 기대한다. 이 책에는 그런 나의 소망과 열망이 들어 있다. 부디 이 책을 읽는 모든 이들의 삶이 기도와 감사로 물들여지기를 간절히 바란다.

2019년 가을 LA에서, 최학선

2장. 기도는 사명이다

3장. 기도는 동행이다

우리는 인생이란 학교의 학생들이
다. 많은 수업 가운데 기도수업은
가장 수지맞는 인생 최고의 수업
이다. 기도를 통해 우리 믿음의 대
상이신 하나님을 만나며 하나님의
뜻을 이룰 수 있기 때문이다.

모라비안들이 기독교 공동체를 형성했던
독일 헤른후트의 기도하는 조각상

1장

나의 고백

1. 나의 고백

2001년 1월 7일, 나는 아내와 두 딸과 함께 주님의 돌보심에 감사하며 하루를 마무리하고 잠이 들었다. 그런데 새벽에 화장실에 갔던 아내가 쓰러졌다. 급히 인근 병원 응급실로 옮겼다. 응급실에서는 아내를 보자마자 중환자실로 보냈다. 뇌일혈이었다. 그런 과정 속에서 나는 처절한 울부짖음의 기도를 하나님께 올렸다.

아내가 쓰러지자 얼마나 당황했는지 모른다. '이게 마지막이 될 수도 있다'는 생각이 뇌리를 스쳤다. '고맙다는 말도 못했는데 …' 자책감으로 가슴이 터질 것만 같았다. 하지만 어찌 해 볼 도리가 없었다. 그저 무사하기만, 아니 살아나기만을 간절히 바랄 뿐이었다.

건강했던 아내에게 왜 이런 일이 일어났는지 도무지 이해할 수가 없었다. 우리는 많은 고생 끝에 이제 남부럽지 않은 편안한 생활을 영위하며 인생의 황금기를 지내고 있었다. 간호사였던 아내는 나의 치과병원 일을 도왔다. 우리 부부는 두 딸과 함께 화목하게 살고 있었다.

아내가 수술실로 들어갈 때, 통곡하며 하나님께 기도를 드렸다. "하나님, 어떻게 아무 말도 없이 아내를 데려가려고 하십니까? 아내가 20여 년 함께 산 딸아이들에게 'Bye(잘 있어)'라는 말 한마디라도 하고 갈 수 있게 해주십시오. 많이 못 살아도 좋으니 우리에게 한마디 말이라도 하고 가게 해주시라고요."

언제 아내의 생명이 다할지 알 수 없었다. 두 딸도 종일 울기만 했다. 그런 모습을 지켜보는 것도 머리부터 발끝까지 찢어지는 고통이었다. 도무지 기도가 나오지 않았다. 무슨 말을 해야 하는지 도대체 생각이 나지 않았다. 고통이 내 머리를 후려쳐 나를 바보로 만든 것 같았다. "하나님, 살려 주세요." 나는 똑같은 말만 되풀이하고 있었다.

아내를 잃을지도 모른다는 끔찍한 고통의 감정은 거대한 홍수처럼 나의 모든 것을 파괴하고 있었다. 그것은 무자비하고 잔인하게 나의 몸과 마음, 정신을 망가뜨렸다. 마치 일순간에 댐이 무너지면서 터져 나오는 거센 물살에 모든 것이 휩쓸려버리는 것 같았다. 공포감이 내 영혼 깊숙이 엄습해왔다.

이윽고 고통의 쓰라린 감정은 분노로 전환되기 시작했다. '아니, 아내가 얼마나 열심히 교회 봉사를 했는데', '얼마나 착하게 살아왔는데', '어려운 이웃을 얼마나 많이 도왔는데', '어릴 때부터 아내의 친구인데 한 번도 병문안을 오지 않다니', '남을 잘 속이고 못된 짓만

하는 사람들은 건강하게 떵떵거리며 잘살고 있는데' 등등 하나님과 사람들에 대한 원망과 분노가 한없이 끓어올랐다.

시간이 지나면서 분노는 죄책감으로 전환되었다. '아내가 쓰러진 것은 나의 죄 때문인가?', '내가 무엇을 잘못했을까?', '기도를 열심히 하지 않아 그랬을까?' 등의 생각이 꼬리를 물고 이어졌다. 눈을 감아도 잠이 오지 않았다. 한밤의 지독한 고독 가운데 고통과 분노, 죄책감은 더욱 증폭돼 나를 깊은 절망의 구렁텅이로 몰아갔다.

그 순간에 내가 할 수 있는 것이라곤 기도밖에 없었다. 모든 시간을 기도에 쏟아부었다. 정말 미친 듯이 기도했다. 아내의 삶과 죽음이 걸린 절체절명의 순간이었다. 하루에 10시간 이상 기도에 전념했다. 하지만 돌아온 것은 외로운 메아리뿐이었다.

아내는 간신히 목숨은 건졌지만 의식이 없는 식물인간 상태였다. 몇 달 동안 기도했지만 변화는 없었다. 하나님께 울부짖으며 기도했으나 그분은 무섭게 침묵하셨다. 그분은 나와 아내가 겪는 고통 따위는 안중에도 없는 것 같았다. 하나님께 소리를 질러댔다. "제발 우리의 고통을 보시고 책임지시라고요." 하나님께 물었다. "왜 내가 이런 고통을 당해야 합니까?" 그러나 하나님은 나의 기도를 듣지도 않으시고, 대답할 의사도 없는 것처럼 보였다. 거대한 절벽을 마주한 것과 같은 느낌이었다. 그 침묵이 무서웠다. 아내가 쓰러진 이후 몇 달 동안 나를 가장 힘들게 했던 것은 하나님의 침묵이었다. '우리 하나님은 기도를 들으시는 분이 아니던가. 그런데 이 침묵은 과연 무엇이란 말인가?'

기도수업

광야에 혼자 버려진 것 같았다. 모든 세상 사람들이 나를 비난하고 멸시하는 것 같았다. 나는 아내가 회복되지 못한 것을 하나님이 나의 가정을 버리셨다는 의미로 받아들일 수밖에 없었다. 도대체 어디서부터 잘못되었는지 알 수 없었다.

그러던 어느 무더운 여름날이었다. 교회를 가기 위해 까말레오란 지역의 높은 언덕길을 올라가는데, 한 자동차가 오버히팅이 되어 연기가 난 채 서 있는 것을 보았다. 가까이 가서 보니 백인들이 탄 차로 펑크까지 나 있었다. 문득 이런 생각이 들었다. '아, 이 땅에서 조상 대대로 살아온 미국인들도 오래된 차를 타고 다니다 저렇게 어려움을 겪는구나. 그런데 나는 미국에 온 지 얼마 안 되는 이민자인데도 이렇게 좋은 차를 안전하게 타고 있구나. 이렇게 나를 인도해 주시는 하나님께 감사해야 하는데….' 잠시 차를 갓길에 세워놓고 기도했다. 그때, 하나님의 음성이 들렸다. "나는 너의 하나님이다. 너와 아무런 관계가 없다면, 내가 이런 어려움을 너와 너희 가정에 주겠니. 모두 다 너희 가정을 구원하고 복을 주려고 그런 것이야."

그 음성을 듣자 회개의 눈물이 쏟아졌다. "하나님, 잘못했습니다. 그동안 불평과 원망만 늘어놓았습니다. 하나님의 뜻을 구하지 않고, 저의 욕심만 구했습니다. 하나님께서 저희를 사랑하시고 은혜를 주셔서 구원의 길로 인도하시는데 오히려 저는 원망하고 불평만 했습니다. 이를 어찌합니까. 하나님, 용서해 주십시오. 아직도 저의 의가 시퍼렇게 살아있음을 용서하십시오. 오직 긍휼과 은혜만을 베풀어 주시옵소서."

감사의 기도가 이어졌다. "하나님, 감사합니다. 당신이 가장 좋은 길로 저를 인도해 주신다는 것을 믿습니다. 넓고 편안한 길이야말로 멸망의 길임을 깨우쳐 주시니 감사합니다. 저희가 겪는 고통의 길이 실상은 가나안으로 가는 축복의 길임을 믿습니다. 너무나 아프고 힘들지만 그 길이 하나님 백성으로의 훈련을 받는 광야의 길임을 깨닫게 해주시니 감사합니다."

그날 저녁 성경을 읽고 기도한 후, 잠깐 묵상하는 중에 한 생각이 뇌리를 스쳤다. '성경은 하나님의 말씀이다. 그렇다면 성경의 말씀대로 기도하면 될 것 아닌가. 하나님의 말씀 그대로 기도하면 그분이 반드시 응답하시지 않겠는가. 나에게 시련을 주시는 이유도 분명 성경에 말씀하셨을 것이다.'

이런 생각이 들자 성경 읽기에 더욱 집중하게 되었다. 어디서든지 틈만 나면 성경을 꺼내 들었다. 차에서는 오디오 성경 테이프를 들었다. 치과병원이 있는 구아다루페에서 오렌지카운티의 집까지 왕복 6~8시간 거리를 밤중이나 새벽에 운전하면서 말씀을 들었다. 차창 밖 여름 바다 불빛을 보면서 듣는 말씀은 너무나 큰 은혜로 다가왔다. 나의 처지와 상황 가운데 하나님이 내게 하시려는 말씀이 무엇인지에 온 신경을 집중했다.

아내가 쓰러진 이후 그 처절한 시간에 성경을 수십 번, 아니 수백 번도 더 읽고 들었을 것이다. 그러자 그동안 그냥 지나쳤던 성경 구절들이 새롭게 다가와 내 가슴을 후비기 시작했다. 예전에는 들어보지도 못한 성경 말씀이 내 심장에 박혔다.

기도수업

"여호와여 어느 때까지니이까 나를 영원히 잊으시나이까 주의 얼굴을 나에게서 어느 때까지 숨기시겠나이까"(시 13:1)

"주께서 영원히 버리실까, 다시는 은혜를 베풀지 아니하실까, 그의 인자하심은 영원히 끝났는가, 그의 약속하심도 영구히 폐하였는가, 하나님이 그가 베푸실 은혜를 잊으셨는가, 노하심으로 그가 베푸실 긍휼을 그치셨는가 하였나이다. (셀라)"(시 77:7~9)

"내 하나님이여 내가 낮에도 부르짖고 밤에도 잠잠하지 아니하오나 응답하지 아니하시나이다."(시 22:2)

"생각하건대 현재의 고난은 장차 우리에게 나타날 영광과 비교할 수 없도다 … 피조물이 다 이제까지 함께 탄식하며 함께 고통을 겪고 있는 것을 우리가 아느니라."(롬 8:18~22)

"그는 넘어지나 아주 엎드러지지 아니함은 여호와께서 그의 손으로 붙드심이로다."(시 37:24)

"내가 물 가운데로 지날 때에 내가 너와 함께 할 것이라 강을 건널 때에 물이 너를 침몰하지 못할 것이며 네가 불 가운데로 지날 때에 타지도 아니할 것이요 불꽃이 너를 사르지도 못하리니"(사 43:2)

"주께서 내 영혼을 사망에서, 내 눈을 눈물에서, 내 발을 넘어짐에서 건지셨나이다."(시 116:8)

"여호와가 너를 항상 인도하여 메마른 곳에서도 네 영혼을 만족하게 하며 네 뼈를 견고하게 하리니 너는 물 댄 동산 같겠고 물이 끊어지지 아니하는 샘 같을 것이라."(사 58:11)

"그가 곤욕을 당하여 괴로울 때에도 그의 입을 열지 아니하였음이여 마치 도수장으로 끌려가는 어린 양과 털 깎는 자 앞에서 잠잠한 양 같이 그의 입을 열지 아니하였도다."(사 53:7)

찬송도 저절로 나왔다. 사실 찬송이야말로 믿음의 선조들의 신앙 고백이며 기도다. 찬송을 부르다 보니 그동안 별생각 없이 불렀던 찬송이 나의 처지와 상황을 너무나 잘 대변해주고 있었다. 찬송 가운데 하나님께서는 언제나 나와 함께 하셨다는 사실이 다가왔다. 그러니 어찌 눈물 없이 찬송을 부를 수가 있었겠는가.

"주님의 뜻을 이루소서 고요한 중에 기다리니
진흙과 같은 날 빚으사 주님의 형상 만드소서
주님의 뜻을 이루소서 주님 발 앞에 엎드리니
나의 맘속을 살피시사 눈보다 희게 하옵소서
주님의 뜻을 이루소서 병들어 몸이 피곤할 때
권능의 손을 내게 펴사 강건케하여 주옵소서
주님의 뜻을 이루소서 온전히 나를 주장하사
주님과 함께 동행함을 만민이 알게 하옵소서"

(새찬송가 425장)

사실 나는 "기도를 참 잘한다"는 소리를 많이 들어왔다. (전에는 바리새인적인 기도자였다.) 나는 번지르르하고 잘 짜인 정성 어린 기도가 좋은 기도인 줄 알았다. 목사님을 비롯해 누군가가 기도할

기도수업

때면 유심히 들으며 좋은 기도 문장을 모으기도 했다. 상황별로 잘 정리해 내가 기도할 때 써먹곤 했다. 물 흐르듯이 매끈한 기도를 해야 한다는 것은 나의 신념과도 같았다. 가끔 공예배에서 더듬거리는 기도를 들으면 기도자의 준비와 성의가 부족한 것 같아 못마땅한 느낌을 가졌다. 기도도 제대로 못하는 사람은 절대로 직분을 맡아선 안 된다고 생각했다. 실제로 나는 교회에서 대표 기도를 할 때는 미리 철저히 준비했다. 사전에 정성껏 원고를 쓰고 외웠다. 한 글자도 틀리지 않고 외울 수 있을 때까지 몇 번이고 예행연습을 했다. 어느 가정이나 환자를 방문할 때에도 항상 기도를 미리 준비했다. 나에겐 '기도를 잘한다'는 자부심이 있었다.

그런 나였지만 아내가 쓰러지자 무슨 기도를 어떻게 해야 할지 도무지 알 수 없었다. 그저 "하나님, 아내를 살려주세요"란 말만 했다. 그런데 그 짧은 말이 정말 강력한 기도가 될 수 있다는 사실을 실감했다. 그동안 해왔던 번지르르하고 유창하며 듣기 좋은 말을 나열하는 것을 참 기도로 생각해왔던 나의 어리석음을 깨닫게 되었다.

아내의 입원 후, 많은 사람이 찾아와 기도해 주었다. 그들의 관심과 사랑이 너무나 고마웠다. 그러나 그들의 기도 가운데 "하나님이 크게 축복하시려고 이런 고난을 주셨다"는 말은 가슴에 와닿지 않았다. '두 번만 복 받으려 하다가는 가족이 남아나지 않겠다'는 생각마저 들었다. 그런 기도 보다는 "고난과 고통을 이길 힘을 주실 것"이란 기도가 더 좋았다.

절실하게 기도를 드리고 또한 우리 가정을 위한 사람들의 기도를 들으면서 하나님이 원하시는 기도, 응답받는 기도가 무엇인지 너무나 알고 싶어졌다. 성경 묵상을 통해 잘못된 기도와 참 그리스도인의 기도를 알 수 있었다. 예수님께서는 바리새인의 외식하는 기도를 '회칠한 무덤'이라 하시고, 죄인 취급을 받던 세리의 기도를 '참 그리스도인의 기도'라 칭하셨다.

"두 사람이 기도하러 성전에 올라가니 하나는 바리새인이요 하나는 세리라. 바리새인은 서서 따로 기도하여 이르되 하나님이여 나는 다른 사람들 곧 토색, 불의, 간음을 하는 자들과 같지 아니하고 이 세리와도 같지 아니함을 감사하나이다. 나는 이레에 두 번씩 금식하고 또 소득의 십일조를 드리나이다 하고 세리는 멀리 서서 감히 눈을 들어 하늘을 쳐다보지도 못하고 다만 가슴을 치며 이르되 하나님이여 불쌍히 여기소서 나는 죄인이로소이다 하였느니라. 내가 너희에게 이르노니 이에 저 바리새인이 아니고 이 사람이 의롭다 하심을 받고 그의 집으로 내려갔느니라. 무릇 자기를 높이는 자는 낮아지고 자기를 낮추는 자는 높아지리라 하시니라."(눅 18:10~14)

이 구절을 깊이 묵상하며 그동안 나는 바리새인의 외식하는 기도를 해왔다는 사실을 깨달았다. '기도를 잘한다'고 자부했지만 정작 나의 이익만을 위한 기도, 생색내는 기도, 남을 비난하는 잘못된 기도를 해왔던 것이다. 하나님을 나의 욕심이나 욕구를 채워주는 존재로 여기는 엉터리 기도를 해왔던 것이 깨달아졌다. '하나님의 얼굴'

이 아니라 '하나님의 손'을 구했던 것이다.

나는 그릇된 기도를 드린 것을 회개하며 이제부터는 세리의 참된 기도를 드리기로 결심했다. "나는 죄인이로소이다"라고 고백한 세리의 기도야말로 주님이 원하시고 의롭다 하시는 기도다. 즉 주님의 뜻을 구하는 기도이며 하나님의 말씀에 따른 기도다. 마침내 나는 하나님의 말씀인 성경에 의지한 기도가 참 기도임을 깨닫게 되었다.

> "너희는 욕심을 내어도 얻지 못하여 살인하며 시기하여도 능히 취하지 못하므로 다투고 싸우는 도다. 너희가 얻지 못함은 구하지 아니하기 때문이요 구하여도 받지 못함은 정욕으로 쓰려고 잘못 구하기 때문이라."(약 4:2~3)

예일대학 철학과 교수인 니콜라스 월터스토프(Niholas Woltersto rff)는 '아들을 잃은 슬픔'(Lament for a Son)이란 책에서 이렇게 말했다.

"때론 흐느낌이 깊어지다 보면 다른 데서는 보이지 않는 빛이 나타난다. 그것은 용기의 빛, 사랑의 빛, 깨달음의 빛, 무욕의 빛, 믿음의 빛이다. 그 빛 속에서 우리는 인생의 참된 의미를 발견한다. 고통의 깊은 계곡을 지날 때, 절망과 쓰라림이 생긴다. 그러나 거기서 우리의 성품도 다져진다. 고통의 계곡은 곧 영혼을 빚는 계곡이기도 하다."

나는 갑작스런 아내의 쓰러짐이란 깊은 고통의 계곡을 지나면서 새로운 빛을 발견했다. 그것은 참된 기도의 빛이었다.

아내는 쓰러져 의식을 잃은 지 4개월 만에 깨어났다. 비록 그 이후 반년 정도 오락가락 제정신이 아니었고 여러 고통이 완전히 사라지지 않고 있지만, 지금까지 살아있다. 아내는 수없이 "이렇게 사는 게 무슨 의미가 있어요"라고 외쳤다. 하지만 나는 분명 아내의 삶에 깊은 하나님의 뜻이 숨겨져 있으리라 믿는다.

C. S. 루이스는 "우리가 천국에 도착했을 때, 제일 처음 하는 말이 '아, 이랬었군요'일 것이다"라고 말했다. 나도 그럴 것이라고 생각한다. 그날, 인생의 모든 수수께끼가 풀릴 것이다.

아내가 쓰러진 이후 무수한 밤을 "주여, 왜!"라고 외치며 지샜지만, 이제는 그렇게 외치는 대신 기도의 자리에 앉는다. 아내가 살아있음에 감사하고, 내 삶의 모든 것을 감사하며 나의 참된 소망 되시는 그분께 기도한다.

어느 날, 나에게 고통과 슬픔이 찾아왔다. 모든 것이 사라진 것 같아 절규했지만 그것이 끝이 아니었다. 회복이 있었다. 돌이켜 보니 고통과 회복 모두 하나님의 은총이었다. 나는 고통을 기도로 치환했다. 고통의 계곡에서 기도의 빛을 발견할 수 있었던 것은 은총 가운데 은총이었다.

인생은 천국을 향해 가는 긴 여정이다. 죄 많은 이 세상은 내 집이 아니다. 우리 모두 더 크고 더 온전한 집을 찾기 위한 길을 떠나야 한다. 기도는 더 좋은 집을 향해 가는 길로 우리를 안내한다.

지금도 고통 가운데 절규하는 수많은 사람이 있을 것이다. 삶의 아이러니를 견디지 못한 채 아파트 꼭대기에서 아래만을 바라보며 망설이는 사람도 있을 것이다. 부디 고통 가운데 머물지 말고 고통을 기도로 승화시키기 바란다. 고통이 찾아왔다면 기도하라는 사인으로 알고 그 자리에서 기도하시라. 너무나 고통스러워 아무 말도 나오지 않을 때, 너무 많은 말을 하려 하지 마시기 바란다. 단지 이 한 마디만 외치시라.

"하나님, 살려주세요."

하나님은 우리 기도를 들으신다! 나는 기도 가운데 모든 것이 은혜라는 사실을 깨달았다. 고통이 없었다면 이 기막힌 사실을 몰랐을 것이다. 그러므로 어떤 면에서 고통은 변장된 축복일 수 있다. 고통을 겪었기에 고통받는 분들과 함께하고 싶은 간절한 소원이 있다. 지금 고통을 겪고 있는 모든 분과 이 찬양을 함께 나누고 싶다.

"왜 나만 겪는 고난이냐고 불평하지 마세요/ 고난의 뒤편에 있는 주님이 주실 축복/ 미리 보면서 감사하세요/ 너무 견디기 힘든 지금 이 순간에도 주님이 일하고 계시잖아요/ 남들은 지쳐 앉아 있을지라도 당신만은 일어서세요/ 힘을 내세요 힘을 내세요 주님이 손잡고 계시잖아요/ 주님이 나와 함께함을 믿는다면 어떤 역경도 이길 수 있잖아요"

이 찬양의 2절은 이렇게 시작된다.

"왜 이런 슬픔 찾아왔는지 원망하지 마세요/ 당신이 잃은 것보다 주
님께 받은 은혜 더욱 많음에 감사하세요"

나는 이 찬양을 이렇게 고쳐 부르고 싶다.

"남들은 지쳐 앉아 있을지라도 당신만은 기도하세요/ 기도하세요
기도하세요 주님이 손잡고 계시잖아요/ 주님이 나와 함께함을 믿는
다면 어떤 역경도 이길 수 있잖아요"

이 책은 고통의 계곡에서 참된 기도의 빛을 발견한 나의 고백이
다. 고통을 기도로 승화시켰을 때의 그 감격을 경험한 자로서 그 소
중한 경험을 나누고 싶었다. 누구나 기도하지만, 모두가 참된 기도
를 드리는 것은 아니다. 누구보다도 내가 좋은 예다.
　참된 기도로의 여정을 걸으며 나는 우리 모두에게 '기도수업'이 필
요하다고 느꼈다. 우리 모두는 인생이란 학교의 학생들이다. 많은
수업 가운데 기도수업은 가장 수지맞는 인생 최고의 수업이다. 기도
를 통해 우리 믿음의 대상이신 하나님을 만나며 하나님의 뜻을 이룰
수 있기 때문이다. 이 수업을 통해 기도는 사명이며, 동행이며, 훈련
이며, 사랑이라는 사실을 깨닫기 바란다. 기도수업은 어느 한 기간
에 끝나는 과정이 아니다. 이 수업은 우리 전 인생을 걸쳐 진행되어

야 할 것이다.

나는 기도하면서 감사의 중요성을 깨달았다. 정말로 기도하다 보면 감사하게 된다. 감사는 우리의 삶을 풍성하게 한다. 나는 내 인생을 기도와 감사로 물들이고 싶다.

기도하면서 내 삶의 최우선 순위를 이웃 사랑에 두게 되었다. 내 이웃은 이제 이웃이 아니라 사랑하는 가족이다. 치과 의사로서 내가 더욱더 열심히 일하는 것은 더 많은 가족에게 사랑을 전하고 싶어서다. 기도하면서 가장 좋은 이웃 사랑은 그들이 기도할 수 있도록 안내하는 것임을 알게 되었다.

우리 기도의 대상이신 하나님은 온 땅을 소유하신 분이다. 이 세상 모든 것이 그분의 것이다. 기도할 때, 우리는 그분을 알고, 그분과 대화하며, 그분의 자녀로 그분의 유업을 이을 수 있게 된다. 하나님을 만나면 그분의 것은 모두 내 것이 된다. 그래서 가장 좋은 이웃 사랑은 하나님을 만나게 해주는 것이다. 우리는 기도로 하나님을 만날 수 있다.

크리스천에게 기도는 선택이 아니라 필수다. 크리스천은 '기도하는 사람'이다. 크리스천은 "당신은 지금 어떤 일을 하느냐?"는 질문을 받으면 "나는 기도하는 사람"이라고 대답해야 한다. 기도는 호흡이며, 직업이기에 우리 인생의 제단 위의 기도의 불은 결코 꺼져서는 안 된다.

2장

기도는 사명이다

1. 기도는 선택이 아니라 필수다

"기도는 가장 쉽고도 어려운 길이다."

미국의 기독 영성작가인 필립 얀시의 말이다. 그의 말에 전적으로 동감한다. 기도는 영혼의 호흡이자 하나님과 만나는 소중한 자리다. 기도는 절대자와의 대화다. 크리스천에게 기도란 하나님과 가장 진실하고 친밀한 대화를 나누는 것이다.

성경은 모든 사람에게 모든 답을 제시해준다. 성경이 말하는 기도의 특성은 첫째, 기도는 하나님과의 교통이다. 곧, 생명 되신 하나님과 친밀한 관계를 가지려는 신앙 행위다. (시 63:1-8; 73:25-26; 눅 6:12; 요일 1:3; 계 3:20) 둘째, 하나님의 위대함과 선하심을 찬양하는 행위다. (눅 2:28-32) 셋째, 하나님의 은총과 자비와 인애로 말미암아 하나님께 충성과 헌신을 다짐하는 감사다. (시 103) 넷째, 죄에 빠진 인간이 자신의 불순종을 인정하는 고백이다. (시 51) 다섯째,

이웃의 행복과 축복을 비는 기원이다.(롬 9:1-2; 10:1) 여섯째, 자신의 욕망을 포기하고 자신을 하나님께 내어 맡기는 복종 행위다.(마 26:39)

이 외에도 여러 정의가 나올 수 있지만, 가장 기본적인 것은 '기도는 창조주 하나님과의 대화'라는 사실이다. 대화는 어렵지 않다. 일상에서 편안한 사람과 대화를 한다고 생각해보라. 정말 쉽다. 내 마음의 이야기를 담담하게 하면 된다. 어떠한 장치도 필요 없다. 그저 말하면 된다. 그럼에도 내 주위에서 기도가 쉽다고 말하는 사람은 별로 없다. 나 역시 기도가 쉽지 않았다. 그저 절대자이신 하나님과 대화를 하면 되는 일이지만 이게 간단하지 않다.

얀시는 기도란 "하나님을 내 뜻대로 조종하는 수단이 아니라, 하나님이 이 땅에서 이루고자 하시는 일에 동참하는 길"이라고 덧붙인다. 여기에 이르면 조금은 혼란스럽다. 먼저 믿음의 대상인 하나님에 대해 알아야 한다. 대화하려면 상대와의 관계가 형성되어야 한다. 하나님을 안다고 해서 그분에게 일방적으로 내 이야기만을 퍼붓는 것이 기도가 아니라는 것이다.

기도가 '하나님이 이 땅에서 이루고자 하시는 일에 동참하는 길'이라고 한다면, 그분이 이 땅에서 이루고자 하시는 일이 무엇인지 알아야 한다. '그 일'이 나의 인생 계획과 맞는 일이라면 별문제 없을 수 있다. 그러나 '그 일'이 나의 뜻과는 정반대의 일이라면, 아니 나를 희생하지 않고서는 이루어질 수 없는 일이라면 어떻게 할 것인가? 무엇보다 하나님께 내 뜻과 소원을 이야기했는데도 그분이 그것을 무시한다면? 나와 대화를 나누는 상대방이 알라딘의 램프 속 지니와 같이 무엇이든 내 이야기를 들어주는 요정이 아니라면?

영국의 대 설교가 마틴 로이드 존스 목사는 이렇게 말했다. "그리스도인이 행하는 일 중에, 또는 그리스도인의 삶을 구성하는 부분 가운데, 기도만큼 그리스도인을 난처하게 만들고 허다한 문제를 일으키는 일도 없다."

필립 얀시가 '기도가 어렵다'고 말한 이유는, 기도란 단순히 입에서 내뱉어지는 단어의 모음이 아니라는 사실을 알았기 때문일 것이다. 인간은 기도할 때 무엇을 말할까? 가장 기본적으로는 자신이 소망하는 무언가를 기도의 대상에게 토로할 것이다. 그래서 사람들은 기도를 절대자와의 대화를 통해 자신이 원하는 바를 구하는 것이라고 정의하기 쉽다. 물론 간구는 기도의 중요한 요소다.

하나님은 우리 인간의 신음까지 들으시는 분이시다. 마음의 소원까지도 감찰하시는 분이시다. 그런 분이 입술을 통해 토로하는 간구를 듣지 않으시겠는가? 그러나 무엇을 구하는 것이 전부는 아니다. 생각해보라. 대화를 나누는데 상대방이 그저 무언가를 구하기만 한다면 그 대화가 지속될 수 있을까? 간구를 기도의 모든 것으로 생각하는데서 오류가 발생한다.

기도를 알라딘의 램프 속 지니를 불러내어 소원을 이루는 도구 정도로 여기는 것은 가장 저차원적인 이해라고 할 수 있다. 기도에 대한 보다 높은 차원의 이해가 있다. 그것은 기도란 하나님과의 대화로서 궁극적 목적은 믿음과 기도의 대상인 하나님을 더 깊이 알고 사랑하는데 있다. 기도한다는 말 자체에는 기도라는 행위를 통해서 무언가가 이루어질 것이라는 것을 기대하며 확신한다는 전제가 깔려 있다. 기도의 대상이 기도의 내용을 들어주신다는 믿음이 없으면 기도라는 행위는 도저히 일어날 수 없다. 그래서 기도는 쉽지 않다. 기도자가 기도를 통해서 얻을 수 있는 최상의 것은 자신이 기도하는 내용을 들어주시는 믿음의 대상을 진실로 만나는 것이기 때문이다.

크리스천에게 창조주 하나님을 만나는 것보다 더 중요한 일은 없다. 사실 우주의 창조자이시며 알파와 오메가가 되시는 그분을 만나면 모든 것이 끝난다. '게임 셋'이다. 그분이 다 이루시기 때문이다. 이런 비밀을 아는 사람들에게 기도는 매일의 일과며, 습관이며, 사명이 된다. '고아들의 아버지'로 평생 5만 번 이상 기도 응답을 받은 것으로 알려진 조지 뮬러는 그래서 "기도란 그리스도의 능력을 붙잡는 손"이라고 정의했을 것이다.

기도를 통해 우리는 하나님을 만난다. 능력을 행하시는 그분의 손만을 구하는 것이 아니라 그분의 얼굴을 구할 때, 하나님과의 진정한 만남이 가능해진다. 능력은 부차적인 것이다. 능력의 원천, 능력을 행하시는 분을 만나면 능력은 자연스럽게 따라온다. 기독교 역사를 통해 수많은 믿음의 사람들이 고백한 내용은 다음과 같다.

"하나님을 향해 전심으로 기도하는 사람을 위해 하나님은 기꺼이 크고 강한 능력을 베푸신다."

역대하 16장 9절 말씀이 이를 증명한다.

"여호와의 눈은 온 땅을 두루 감찰하사 전심으로 자기에게 향하는 자들을 위해 능력을 베푸시나니…."

기도라는 행위에서 가장 중요한 요소는 물론 하나님과 기도자이다. 기도는 하나님과 기도자가 만나 대화하는 것이다. 대화에서 필수적인 것은 진심이다. 양측 사이에 진심이 통해야 한다. 그러기 위해서는 서로를 알아야 한다. 하나님은 우리 인간을 만드신 분이시다. 그분의 눈은 온 땅을 두루 감찰하고 계신다. 그분은 나보다도 더 나를 잘 아시는 분이다. 그분은 결코 실수하지 않는다. 그렇다면 하나님 편에서 어떠한 문제도 있을 수 없다.

문제는 기도자인 내게 있다. 내가 단지 하나님을 '구하는 것을 언제나 주는 지니' 정도로 여긴다면 진정한 관계가 이루어질 수 없다. 구하는 자와 그 구하는 것을 주는 자라는 기능적인 측면에서만 만나는 것이라면, 너무나 그 만남은 건조하다.

그러나 능력의 원천인 하나님의 얼굴을 구하며 그분을 진심으로 사랑하고 만나기를 소망한다면 거기서부터 진정한 관계가 이뤄진다. 이것은 모든 집안의 자녀와 부모의 관계에서도 엿볼 수 있다. 생각해보라. 자녀가 진심으로 부모를 사랑하고 믿는다면, 부모는 자신의 모든 것을 아끼지 않고 넘치게 자녀에게 주지 않겠는가? 그렇지 않아도 모든 것을 아낌없이 주고 싶어 하는 것이 부모의 마음이다. 하나님은 우리의 아버지시다. 하늘 아버지의 마음도 이 땅 아버지의 마음과 같을 것이다.

기도수업

기도는 결국 하나님과의 진정한 연합을 이루게 하는 수단이다. 하나님과의 연합을 통해서 기도자들은 하나님의 마음을 알게 된다. 그 마음을 알아야 이 땅을 향한 아버지의 뜻을 이해하게 된다. 그 뜻을 이해하는 사람이 드리는 기도는 언제나 강력하다. 하나님과의 연합이 이루어져야, 필립 얀시가 말한 '하나님이 이 땅에서 이루고자 하시는 일에 동참하는 것'이 가능해진다.

기도를 통해 계속 바라보아야 하는 것은 하나님의 손이 아니라 그분의 얼굴이다. 하나님 자체가 기도의 모든 목표요 방향이 되어야 한다. 그럴 때 신자가 드리는 모든 기도는 반드시 강력한 힘을 지니게 된다. 그럴 때 기도야말로 인간이 지닐 수 있는 가장 강력한 무기가 된다. 그 무기로 모든 것을 막으며, 공격할 수 있다. 100% 성공이 보장된 무기다. 모든 죽어가는 것을 살리는 힘도 기도에서 나온다. 그래서 기도할 수 있다는 것이야말로 은총 중의 은총이다. 칼뱅이 "기도는 은총의 수단"이라고 말한 것도 바로 이 때문이다.

그러므로 우리는 반드시 기도해야 한다! 기도함으로써 하나님을 알고, 신뢰할 수 있게 되기 때문이다.

크리스천에게 기도는 선택이 아니라 필수다. 크리스천은 '기도하는 사람'이다. 크리스천은 "당신은 지금 어떤 일을 하느냐"는 질문을 받으면 "나는 기도하는 사람"이라고 대답해야 한다. 이것은 목회자이든 직분자이든, 평신도이든 상관이 없다. 모든 사람에게 부여된 책무이며 권리다. 마르틴 루터는 "제화공이 신을 만들고 재단사가 옷을 만드는 것처럼 그리스도인은 기도가 매일의 직업이 되어야 한다"고 말했다.

레위기 6장 13절에 "불은 끊임이 없이 제단 위에 피워 꺼지지 않게 할지니라"는 말이 나온다. 기도는 호흡이며, 직업이기에 우리 인생의 제단 위의 기도의 불은 결코 꺼져서는 안 된다. 기도는 종교적 행위가 아니다. 한번 했다가 멈추는 이벤트가 아니다. 호흡하는 것처럼, 직장인이 생계를 꾸리기 위해 매일 아침 무거운 발걸음으로라도 직장에 나가야 하는 것처럼, 쉬지 말고 행해야 하는 것이다. 기억해야 한다. 기도로부터 나오는 강력한 능력이 없이는 이 세상에서 하나님의 뜻을 결코 이룰 수 없다는 사실을 말이다.

독일 헤른후트의 모라비안 교회 전경

기도수업

2. 우리 모두 기도할 수 있다

찰스 스펄전은 교회사에 우뚝 솟은 위대한 설교가이자 신실한 기도의 사람이었다. 기도의 능력을 의심하지 않았던 그는 수많은 어려움을 기도로 극복했다. 스펄전은 기도에 대해 이렇게 말했다.

"사랑하는 형제들이여, 기도하자. 우리 모두 논쟁할 수 없으나 우리 모두 기도할 수 있다. 우리 모두 지도자가 될 수 없으나 우리 모두 기도의 사람이 될 수 있다. 우리 모두 현란한 수사를 구사할 수 없으나 우리 모두 강력하게 기도할 수 있다. 얼마 지나지 않아서 여러분은 사람보다 하나님을 더 빨리 감동시키게 될 것이다. 기도는 영원한 분, 전능한 분, 무한한 분과 우리를 엮어 주기에 무엇보다 먼저 의지해야 한다. … 여러분이 하나님과 함께하고 있다는 것을 확신하면, 하나님이 여러분과 함께하신다는 것을 확신하게 될 것이다."

스펄전에게 기도는 하나님과의 대화이며 하늘 아버지와의 관계다. 그래서 기도는 생명이며 교회와 국가, 열방의 운명이다. 기도는 신약 시대 제사장이라고 할 수 있는 피조물의 소명이다. 그는 무엇보다도 상한 영혼의 마음을 갖고 하나님을 인정하는 참된 기도를 드려야 한다고 강조했다.

"참된 기도는 하나님을 인정한다. 주님은 상한 영혼의 외침을 사랑하신다. 주님을 진정한 하나님으로 확실하게 인정하고 기도를 통해 진정으로 찾기 때문이다. 형식적인 경건으로는 하나님을 찾을 수 없다. 현존하는 하나님을 구별하지 못하고 가깝게 다가서지 않는 것은 그분을 모독하는 것이다. 참된 기도는 언제나 절실하며 겸손하다."

축구를 배우기 원하는 사람에게 메시나 호날두가 다가온다고 가정해 보자. 사람들은 메시와 호날두에게 나오는 한마디의 말도 놓치지 않고 들으려 귀를 쫑긋 세울 것이다. 그들은 축구에 관한 한 최고 전문가들이기 때문이다. 마찬가지로 믿는 자는 '믿음의 전문가'의 말에 귀를 기울여야 한다. 기도를 배우기 원하는 사람들은 '기도의 전문가'인 스펄전과 같은 기도의 사람들의 말을 명심해야 한다. 스펄전이 말한 것처럼 우리 모두 기도할 수 있다. '우리 모두'라는 말을 유념해야 한다. 기도할 때, 우리는 평등하다. 의인이나 죄인이나, 부자나 가난한 자나, 유명한 자나 무명한 자나, 권세 있는 자나 억압받는 자나 모두 기도할 수 있다. 기도로 우리는 '입장의 동일함'을 경험할 수 있다. 기도로 하나가 될 수 있다.

기도수업

무엇보다 하나님과 참된 관계를 맺으려는 사람은 기도의 자리에 나아오게 되어 있다. 기도를 통해 하나님을 만날 수 있기 때문이다. 다른 길은 없다. 성경 속 위대한 믿음의 선배들은 모두 기도의 사람이었다.

"엘리야는 우리와 성정이 같은 사람이로되 그가 비가 오지 않기를 간절히 기도한즉 삼 년 육 개월 동안 땅에 비가 오지 아니하고"(약 5:17)

나는 이 성경 구절을 읽을 때마다 '아, 엘리야가 나와 똑같은 사람이었구나'라고 생각하며 놀라곤 한다. '주의 선지 엘리야, 병거타고 하늘로 올라가던 일을 기억합니다'라는 찬양을 흥얼거렸는데, 그와 같이 놀라운 믿음의 사람이 나와 같은 연약한 사람이었다. 그런데 그런 엘리야가 기도하니 3년 6개월 동안 땅에 비가 오지 않았다. 죽은 아이를 앞에 놓고 기도하니 그 죽었던 아이가 다시 살아났다. 하늘에서 불이 내려오기도 했다. 나와 똑같은 성정을 지닌 엘리야는 다수 크리스천이 경험하지 못했던 초자연적인 방식으로 하나님과 관계를 맺었다. 성경이 엘리야를 설명할 때에 '우리와 성정이 같은 사람이로되'라고 서술한 이유가 무엇이겠는가. 엘리야와 같이 우리도 기도하면 마른하늘에서 비가 내리고 죽은 자가 살아날 수 있다는 뜻이 아니겠는가.

'우리 모두'는 각기 다른 사람들이지만 우리가 드리는 기도의 대상은 동일하다. 엘리야의 하나님이 바로 나와 너, 우리의 하나님이시다. 그 하나님께 우리가 기도를 드리는 것이다. 비와 불을 내리시는 분도, 죽은 자를 살리시는 분도 하나님이시다. 기도할 때 우리는 다른 사람들이 상상하지도 못한 초자연적인 능력을 경험할 수 있다.

엘리야뿐만이 아니다. 노아와 아브라함, 모세와 사무엘, 다윗과 다니엘 등 믿음의 사람들은 한결같이 기도의 사람이었다. 다니엘은 매일 세 번씩 기도했으며 다윗은 평생 여호와의 아름다움 보기를 소망했다.

> "내가 여호와께 바라는 한 가지 일 그것을 구하리니 곧 내가 내 평생에 여호와의 집에 살면서 여호와의 아름다움을 바라보며 그의 성전에서 사모하는 그것이라."(시 27:4)

다윗은 새벽에 하나님을 묵상했으며 아침과 낮, 밤마다 부르짖으며 기도했다. 그것이 결정적인 실수에도 불구하고 하나님이 다윗을 인정하신 이유였다. 구약의 구절구절마다 "내 종 다윗을 보아"라는 말이 나온다. 하나님이 다윗 때문에 이스라엘 민족을 용서해 주신 적이 몇 번이었는가. 다윗은 참된 기도로 인해 능력과 권위를 가질 수 있었다. 치명적 실수를 넘어 하나님의 인정을 받을 수 있었다.

하나님이 우리의 창조주이시며 주 예수 그리스도가 구세주라는 사실을 인정하는 사람들이라면 반드시 기도해야 한다. 하나님은 복의 근원이시다. 그분으로부터 복이 흘러나온다. 솔직히 하나님의 축복을 제한적 존재인 인간의 기도로 얻어 낼 수는 없다. 얻어지는 것은 우리의 노력으로 인한 것이 아니다. 종교적인 의식에 의해서 하나님의 복이 나오는 것이 아니다. 복은 철저히 선물로 주어진다. 주시는 분이 마음먹기 나름이다. 우리는 기도를 통해서 복의 근원이신 하나님께서 그 복을 풀어내시도록 간청할 수 있다. 그것이 인간과 하나님의 협력이다.

> "예루살렘이여 내가 너의 성벽 위에 파수꾼을 세우고 그들로 하여금 주야로 계속 잠잠하지 않게 하였느니라. 너희 여호와로 기억하시게 하는 자들아 너희는 쉬지 말며 또 여호와께서 예루살렘을 세워 세상에서 찬송을 받게 하시기까지 그로 쉬지 못하시게 하라."(사 62:6~7)

이사야가 끈질기게 호소한 것과 같이 우리는 하나님이 무언가를 기억하시도록 해야 한다. 그 '무언가'에 우리의 소원이 담겨 있다. 그러므로 하나님이 쉬지 않고 우리를 위해 일하시게 해야 한다. 하나님이 움직이시면, 그분이 일하시면 모든 것이 끝난다. '반지의 제왕'을 보았는가? 불가항력적인 사태에서 결국 모든 것이 파멸에 이르게 됐을 때, 절대의 힘이 작동하면 적대적인 것들은 일시에 허물어진다. 불가항력의 일은 인간의 노력으로 해결되지 않는다. 그것을 능가하는 절대의 힘이 가동되어야 한다. 창조주 하나님은 궁극의 능력자이시다. 그분은 우리와는 차원이 다르신 분이시다. 그래서 우리는 그분이 일하시도록 해야 한다. 그분이 무언가를 기억하시도록 끊임없이 상기시켜드려야 한다. 어떻게 할 수 있는가? 기도를 통해 상기시켜 드릴 수 있다. 기도 외에는 방법이 없다. 그분의 마음을 움직이는 것은 기도다. 그래서 기도는 영혼의 호흡이며, 세상을 주관하시는 분의 팔을 움직이는 것이다.

'우리 모두' 기도할 수 있다. 하나님에게 가장 중요한 관심사는 피조물인 인간이다. 그분은 한 사람 한 사람을 소중하게 생각하신다. 하나님은 '기도하는 사람'을 통해 일하신다. 놀라운 기도의 사람이었던 E. M. 바운즈는 이렇게 말한다.

"하나님이 사용하시는 가장 좋은 도구는 사람이다. 교회는 끊임없이 새로운 방법과 계획을 찾지만 하나님은 항상 더 나은 사람을 찾고 계신다. 복음을 전하는 사람이 어떤 사람이냐에 따라 복음의 영광이 임하기도 하고, 떠나기도 한다. 전심으로 하나님을 향하는 자를 위하여 하나님은 기꺼이 그 능력을 베푸신다."

다윗의 예를 통해 '전심으로 하나님을 향하는 자를 위하여 하나님은 기꺼이 그 능력을 베푸신다'는 말이 증명되었다. 어찌 다윗뿐이겠는가. 전심으로 하나님을 향하는 '우리 모두'를 통해 하나님은 그분의 일을 이루신다. 하늘 아버지는 오늘도 불꽃 같은 눈으로 이 땅을 감찰하시며 '기도하는 한 사람'을 찾으신다. 그분은 우리에게 선을 베푸시길 기뻐하신다. 기도보다 사람들에게 축복을 가져다주는 것은 없다. 아침부터 밤까지 주님과 교제하며 우리에게 일어나는 모든 일을 그분께 고하는 일보다 더 중요한 일은 없다. 명심하자. 우리 모두 기도할 수 있고 기도해야 한다는 사실을.

헤른후트 마을의 집들

3. 기도를 가르쳐 주세요

우리 모두 기도할 수 있고, 기도해야 한다. 그러나 정기적으로, 쉬지 않고 기도하는 사람들은 그다지 많지 않다. 수많은 사람이 "나는 기도할 줄 몰라요. 솔직히 기도해도 별 효능도 없어요. 하나님이 내 기도는 듣지 않는 것 같아요"라고 말한다. 기도란 주제를 접하면 각 사람은 저마다 자기 나름의 견해를 갖고 자신만의 그림을 그릴 것이다. 그리고 이런 생각을 할지 모른다.

'기도는 반드시 해야 하는가?', '기도하면 들으신다고 하는데 굳이 하나님이 내 기도까지 들으셔야 할 이유가 있을까?', '솔직히 기도를 하든지, 안 하든지 하나님의 뜻과 계획은 변함없이 펼쳐지는 것 아닐까?', '도대체 누가 이런 질문들에 대해 나에게 속 시원하게 말해줄 수 있나?', '제대로 아는 사람들이 있기나 하나?'

이런 생각이 들면, 마치 짙은 안개가 드리운 도로 위를 다니는 것 같은 기분이 든다. 그런 안개 낀 도로에서 헤매다 보면 기도의 대상자이며 전능하신 하나님 아버지와 대화를 나누며 소통하고 있다는 것을 느끼게 해줄 결정적 요소를 발견할 수 없을 것 같다는 생각을 하게 된다. 그러다 보면 기도 자체가 좌절감과 혼란을 가져다주는 요인이 되기도 한다.

물론 우리는 성경에서 말하는 기도에 관한 진리를 알고 있다. 하나님이 약속하신 기도에 대한 말씀도 들었다. 기도를 가르치는 사람들이 얼마나 많은가? 한국 교회 강단에서 기도란 말은 매 주일, 매시간 언급되고 있다. 그럼에도 사람들은 기도에 대해서 잘 안다고 생각하지 않는다. 그리고 무엇보다 기도의 능력을 삶 속에서 체험하기 원하지만, 하지 못하기에 기도에 대해 헷갈려한다.

기도에 대한 혼란과 궁금증은 비단 오늘만의 현상이 아니다. 2천 년 전 갈릴리 땅에서 한 질문이 던져졌다.

"예수께서 한 곳에서 기도하시고 마치시매 제자 중 하나가 여짜오되 주여 요한이 자기 제자들에게 기도를 가르친 것과 같이 우리에게도 가르쳐 주옵소서."(눅 11:1)

요한을 비롯한 제자들은 예수님께 인생을 건 사람들이었다. 그들은 자신들에게 소중히 여겼던 것들을 뒤로하고 예수 그리스도를 좇았다. 그들은 예수님이 행한 기적을 직접 목격한 사람들이었다. 예수님을 관찰하며 그들은 자신들의 스승에게는 기적을 가져오게 하는 어떤 요소가 있다는 사실을 알았다. 그것이 기도였다. 제자들이 보기에 예수님의 기도에는 기적을 가져오게 하는 능력이 있었다.

물론 그들 역시 기도했다. 당시 유대 사회에서 전능자에게 기도를 드리는 것은 보편적 현상이었다. 신실한 유대인들은 적어도 하루에 두 번씩 쉐마를 암송했다. 쉐마는 신명기 6장 4~9절로, 유대인들이 날마다 외우는 신앙고백문이다. 그것뿐이 아니다. 유대인 역사학자 요세푸스에 따르면 독실한 유대인들은 18가지 다른 기도문을 암송했다. 그들에게 기도는 특별한 것이 아니었다. 예수님의 제자들 역시 다른 평범한 유대인들과 마찬가지로 열심히 기도했을 것이다. 그럼에도 그들은 예수님에게 기도를 가르쳐달라고 부탁했다.

제자들은 예수님으로부터 '기도수업'을 받기 원했다. 동기는 확실했다. 그들은 예수님처럼 기도하고 싶어 했다. 자신들 역시 전통에 따라 습관적으로 열심히 기도하고 있었지만, 거기에는 뭔가 결정적인 것이 빠져 있다는 것을 깨달았다. 예수님을 따르면서 그들은 예수님이 항상 어딘가에서 기도하고 오신다는 사실에 주목했다. 예수님은 언제나 하나님을 만나기 위해 한적한 곳을 찾았다. 제자들이 보기에 예수님은 하루를 시작하기 전에 하나님과 만났고 하루를 끝내면서 하나님을 만났다. 자세한 내막까지는 알 수 없었지만 예수님은 하나님과 너무나 친밀하게 보였다. 그들은 예수님이 행한 기적을 보았다. 놀라운 일들을 목격하면서 그들은 그 기적이 전능하신 하나님과의 긴밀한 관계에서 나온다는 사실을 직감적으로 알았다. 그래서 제자들은 자신들도 예수님이 하나님과 가졌던 친밀한 교제를 할 수 있기를 소망했다.

제자들이 관찰한 대로 예수님은 하늘 아버지와의 친밀한 관계를 유지했다. 하나님과의 '친밀함'이야말로 예수님의 기도의 비밀이었다. 그 친밀한 관계는 형식적이며 습관적인 기도를 생생하게 살아 숨쉬며, 능력이 나타나는 기도로 변화시키는 열쇠였다. 예수님은 기도가 무엇인지를 알았다. 그래서 늘 하나님과 접속되는 기도를 드릴 수 있었다. 예수님은 자신에게서 소망의 근거를 찾지 않았다. 오직 능력의 근원이시며 자신을 보내신 하늘 아버지만을 의지했다.

그렇다. 믿음은 자기 자신에게서 소망을 찾는 것이 아니다. 하나님 앞에서 자신의 비참함과 빈곤함을 인정하는 것, 자신의 전적 무능력을 고백하는 것이야말로 믿는 자들의 자세다. 그래서 참믿음을 지닌 자들, 자신의 전적 무능함으로 인정하는 사람들은 베드로와 같이 고백할 수밖에 없다. "나를 떠나소서 나는 죄인이로소이다."(눅 5:8)

"기도를 가르쳐 주세요"라며 '기도 강의'를 듣기 원하는 제자들에게 예수님은 다음과 같이 답하셨다. 예수님은 제자들에게 기도의 바른 자세를 알려주시며 지금까지 이어오는 '주님의 기도'를 가르쳐 주신 것이다.

> "또 너희는 기도할 때에 외식하는 자와 같이 하지 말라. 그들은 사람
> 에게 보이려고 회당과 큰 거리 어귀에 서서 기도하기를 좋아하느니
> 라. 내가 진실로 너희에게 이르노니 그들은 자기 상을 이미 받았느

니라. 너는 기도할 때에 네 골방에 들어가 문을 닫고 은밀한 중에 계신 네 아버지께 기도하라. 은밀한 중에 보시는 네 아버지께서 갚으시리라. 또 기도할 때에 이방인과 같이 중언부언하지 말라. 그들은 말을 많이 하여야 들으실 줄 생각하느니라. 그러므로 그들을 본받지 말라. 구하기 전에 너희에게 있어야 할 것을 하나님 너희 아버지께서 아시느니라. 그러므로 너희는 이렇게 기도하라. 하늘에 계신 우리 아버지여 이름이 거룩히 여김을 받으시오며 나라가 임하시오며 뜻이 하늘에서 이루어진 것 같이 땅에서도 이루어지이다. 오늘 우리에게 일용할 양식을 주시옵고 우리가 우리에게 죄 지은 자를 사하여 준 것 같이 우리 죄를 사하여 주시옵고 우리를 시험에 들게 하지 마시옵고 다만 악에서 구하시옵소서. 나라와 권세와 영광이 아버지께 영원히 있사옵나이다. 아멘."(마 6:5~13)

예수님은 기도할 때 누구에게 기도하는지를 먼저 기억할 것을 촉구했다. 사람들에게 보이기 위해서, 그들에게 감동을 주기 위해서 기도하지 말라고 했다. 그러기 위해 하나님을 만나기 위한 자신만의 조용한 곳으로 가야 함을 알려줬다. 사람들의 반응을 의식하지 말고 오직 하나님의 말씀에만 귀를 기울일 것을 촉구했다. 기도할 때, 중언부언하거나 화려한 미사여구를 구사하려 하지 말고 오직 진심을 담아 간구해야 한다고 했다. 무엇보다 우리의 요구를 충족시키는 것이 기도의 주요 목표가 아니며 우리의 필요를 하나님께 알려드리는 것만이 기도가 아님을 알려줬다. 예수님은 기도의 가장 기본적인 목적은 하늘 아버지와 친밀한 교제를 나누는 것이라는 점을 강조했다.

나 역시 기도 생활을 해나가면서 하나님과 친밀한 시간을 보내는 것이 기도의 목표가 될 때, 기도가 즐거운 작업이 됨을 체험했다. 보상과 응답을 기도의 목표로 두게 되면 언제나 좌절하게 된다. 왜냐하면 인간의 생각과 하나님의 생각은 차원이 다르기에 내가 원하는 바대로 보상이 이뤄지지 않기 때문이다. 사실 기도의 결과는 믿음의 대상이신 하나님께 전적으로 달려 있다. 중요한 것은 전능하신 하나님께 붙어 있는 것이다. 하나님의 아들이신 주 예수 그리스도와 접목되는 것이다. 그럴 때, 능력의 근원이신 하나님의 모든 선한 것들이 내게로 전달된다.

> "나는 포도나무요 너희는 가지라 그가 내 안에, 내가 그 안에 거하면 사람이 열매를 많이 맺나니 나를 떠나서는 너희가 아무 것도 할 수 없음이라."(요 15:5)

앞으로 다시 한번 살피겠지만, 주님이 가르쳐주신 기도는 언제나 우리 삶에서 역사한다. 그 기도는 우리를 하나님과 접목해 주기 때문이다. 하나님과 접목되는 순간, 우리 삶은 변하지 않을 수 없다.

"기도를 가르쳐 주세요"라는 제자들의 질문은 이 시대 모든 믿는 자들의 질문이기도 하다. 아마 예수님의 대답을 들은 제자들 가운데에서는 이렇게 질문하는 자도 있었을지 모른다. "주님, 그 방법밖에 없습니까? 꼭 그렇게 기도해야만 하나요?" 그동안 습관적이며 전통적으로 해왔던 각자의 기도 방식이 있었기 때문이다. "기도를 가르쳐 달라"는 제자들의 질문에 예수님의 대답은 단호했고, 결코 상황에 따라 변경될 수 없는 것이었다.

나는 구원 얻은 이후에 믿는 자들이 받은 가장 큰 선물 가운데 하나가 기도라고 믿는다. 기도는 능력의 근원이신 하나님과 만나는 길이기 때문이다. 피조물이 창조주와 만나는 것보다 더 중요한 것이 어디 있겠는가. 하나님은 말씀을 통해서 자신을 계시하시고, 우리는 기도를 통해 그분에게 다가간다. 그러므로 기도야말로 우리의 가장 크고 놀라운 권리다. 나는 이 놀라운 권리를 우리가 모두 잘 행사할 수 있기를 바란다. 여기에 인생 승리의 비결이 있다. 아니, 이 땅에서뿐 아니라 영원까지 이어질 인생의 성공 방정식을 푸는 결정적 열쇠가 바로 기도다. 그러기 위해서 21세기를 사는 우리에게도 2천 년 전 제자들이 받았던 '기도수업'이 필요하다.

4. 자신에게 부여된 기도 과업을 인식하라

성경에 나오는 수많은 믿음의 사람들 가운데 시므온과 안나는 누구보다도 자신들에게 부여된 사명을 완수하기 위해 인생을 바친 인물이다. 그들은 전혀 화려한 사람들이 아니었다. 어떻게 보면 시므온은 아무런 힘도 남지 않은 초라한 늙은이였고, 안나는 가련한 늙은 과부였다. 그럼에도 시므온과 안나는 이 땅의 사람들에게 부여된 가장 강력한 소명을 완수한 이들이다. 누가복음 2장에 그들의 이름이 나온다.

> "예루살렘에 시므온이라 하는 사람이 있으니 이 사람은 의롭고 경건하여 이스라엘의 위로를 기다리는 자라 성령이 그 위에 계시더라."(눅 2:25)
> "또 아셀 지파 바누엘의 딸 안나라 하는 선지자가 있어 나이가 매우

많았더라. 그가 결혼한 후 일곱 해 동안 남편과 함께 살다가 과부가 되고 팔십사 세가 되었더라. 이 사람이 성전을 떠나지 아니하고 주야로 금식하며 기도함으로 섬기더니 마침 이 때에 나아와서 하나님께 감사하고 예루살렘의 속량을 바라는 모든 사람에게 그에 대하여 말하니라."(눅 2:36~38)

시므온은 이 땅에 오시는 메시아를 눈으로 보기 전에는 죽지 않을 것이라는 성령 하나님의 지시를 받은 자이다. 메시아를 보는 것은 시므온의 절체절명의 소명이었다. 사는 날 동안 수많은 사람이 그의 앞으로 지나갔을 것이다. 그는 한 사람도 놓치지 않고 누가 메시아인지를 알아보기 위해서 혼신의 노력을 다했음이 분명하다. 시므온은 인간적 노력뿐 아니라 하루도 쉬지 않고 기도했을 것이다. 성령의 지시를 받은 인간이 어찌 기도하지 않을 수 있겠는가. 매일 기도 생활을 했기에 시므온은 정결 예식을 행하기 위해 어머니 마리아의 품에 안겨 성전으로 들어오는 아기 예수를 보고 한 눈에 그가 평생 기다려 온 메시아임을 알아볼 수 있었다. 그는 난지 팔일된 아기 예수를 안고 하나님을 찬송하며 기도드렸다.

"주재여, 이제는 말씀하신 대로 종을 평안히 놓아 주시는도다. 내 눈이 주의 구원을 보았사오니 이는 만민 앞에 예비하신 것이요 이방을 비추는 빛이요 주의 백성 이스라엘의 영광이니이다." 그러면서 마리아에게 말했다. "보라 이는 이스라엘 중 많은 사람을 패하거나 흥하게 하며 비방을 받는 표적이 되기 위하여 세움을 받았고 또 칼

이 네 마음을 찌르듯 하리니 이는 여러 사람의 마음의 생각을 드러 내려 함이니라."

그가 본 구원은 이 땅에 빛으로 오신 예수님이셨다. 예수님이 모든 이들을 구원할 구세주라는 사실을 그는 바로 알아챘다. 그것은 그가 평생을 오직 그 한순간을 위해 기도해 왔기 때문이다. 그가 올지 안 올지 모르는 메시아를 소망하며 기나긴 일상을 살아나갈 때, 얼마나 많은 좌절과 외로움, 번민이 있었을까. 그럼에도 그는 자신에게 부여된 사명을 부둥켜안고 기도하며 하루하루를 지냈다. 참된 기도는 영원을 갈망하며 일상을 소망으로 살아낸 사람만이 드릴 수 있으리라. 평생 기도하며 메시아를 기다려 온 그는 예수 그리스도를 만나기 전까지는 결코 죽을 수 없었다. 참된 사명자는 그 사명을 마치기 전까지는 죽지 않는다! 아기 예수를 만난 시므온은 그제야 무거운 짐을 내려놓고 하나님께 호소할 수 있었다. '눈크 디미티스 (Nunc Dimittis).' "이제 종을 평안히 가게 하소서"라는 뜻의 라틴어다. 이후로 '눈크 디미티스'는 기도 가운데 자신의 사명을 다 한 사람들이 고백하는 단어가 됐다.

여 선지자 안나는 평생 성전을 떠나지 않고 진실한 마음으로 하나님께 기도했다. 안나는 시므온과 마찬가지로 주 예수 그리스도의 도래를 간절히 기다렸다. 초점이 있는 삶을 살고, 평생 기도했기에 그녀는 아기 예수를 보자마자 자신이 기다려 온 '운명의 아기'임을 직감했다. 안나 선지자는 7년간의 결혼 생활을 마친 후에 장구한 세월 동안 성전을 떠나지 않고 금식하며 기도했다. 주 예수 그리스도를 맞이하며 사람들에게 전하는 것이 그녀에게 부여된 사명이었다. 분명 그녀 역시 시므온처럼 기도 가운데 성령의 지시를 받았을 것이다. 긴 세월을 지내는 동안 안나는 자의로 성전을 충분히 떠날 수 있었지만 끝까지 성전을 사수했다. '다른 삶'에 대한 꿈과 욕망도 있었고, 그럴 순간들도 많았을 것이다. 그러나 그녀는 결코 하나님의 성전을 떠나지 않았다. 그녀의 꿈과 욕망은 오직 하나님 자체였기 때문에 그 머무름의 삶이 가능했다.

안나가 부둥켜안은 과업은 화려한 것이 아니었다. 소리 없이 평생 기도하며 주님을 기다리는 것이었다. 딱 한 번 메시아를 만나기 위해 그녀는 평생을 기다렸다. 그러나 그 딱 한 번이 안나 선지자를 영원으로 이어줬다. 이종섶 시인이 지은 '딱 한 번'이라는 시는 안나의 삶을 절절히 대변하고 있다.

딱 한 번
 - 안나의 기도 (이종섶)

내 목숨 감춰졌다가 딱 한 번 나타난다면
내 모든 삶 숨겨졌다가 딱 한 번 드러난다면
아기로 오신 예수 앞에라야 하네

과부 되어 팔십사 세 되기까지 홀로 산 건

성전을 떠나지 아니하고 주야로 금식하며 기도함으로 섬긴 건
오로지 딱 한 번
아기 예수를 뵙기 위함

딱 한 번,
그 유일한 딱 한 번의 감사를 하나님께
딱 한 번,
그 유일한 딱 한 번의 속량이 아기 예수께

모든 사람에게 이 말 하기 위하여
딱 한 번 그 앞에 나아가기 원했네
일생일대의 한 마디 하고 싶어
딱 한 번 그 앞에 서기 원했네

드디어 이루어진 딱 한 번
마침내 이루어진 딱 한 번
내 모든 금식과 기도와 섬김이
딱 한 번 피어나는 꽃처럼 피어나네

가슴속에 가득 차오르는 눈물
가리워졌던 내 생명 주 앞에 드러지네

시므온과 안나는 '딱 한 번'의 사명을 완수하기 위해 평생을 기도와 금식의 삶을 살았다. 드디어, 마침내 이루어진 그 '딱 한 번'으로 그들은 만족하며 이 땅에서 퇴장할 수 있었다.

시므온과 안나뿐 아니라 우리는 모두 이 땅에 보냄을 받은 사명자이다. 우리에게도 부여된 평생의 기도 과업이 있다. 자녀를 위해 일평생 눈물로 기도하며 금식해야 할 어머니들이 있다. "네가 서 있는 곳은 거룩한 곳이다"라는 일터 선교의 사명을 지닌 직장인들은 시므온과 안나의 심정으로 기도해야 할 것이다.

이 땅의 황무함에 가슴 아파하는 사람들 모두 기도 과업을 받은 자들이다. 무너지는 교회와 가정, 국가를 보며 눈물로 기도해야 할 과업을 지닌 사람도 적지 않을 것이다. 열방의 죽어가는 영혼들로 인해 잠 못 이루는 밤을 지새우는 사람들도 기도 과업을 지닌 자들이다. 믿는 자들은 모두 '나는 무언가를 위해 보냄받았다'라는 자각을 해야 한다. 그 '보냄 받음'을 인식하기 위해서 또한 기도해야 한다. 영적인 눈을 통해서만 그 사명이 보이기 때문이다. 세상에 허우적거리다 보면 주의 구원을 보지 못한다. 물질과 명예를 좇다 보면 하나님의 영광을 보지 못하게 된다. 자신이 어디서 왔으며, 어디에 있으며, 어디로 가는지를 파악하지 못한 채 그저 하루하루를 흘러가는 대로 살아갈 뿐이다. 그러다 보면 시므온과 안나처럼 구원을 기다리며, 기도하며, 소망하며 살지 못한다. 일상에 매이고, 일생에 매인 채 허망하게 이 땅을 떠나게 된다. 나는 이것이야말로 인생들이 경험할 최고의 비극이라고 여긴다.

사람들은 '이 시대의 시므온과 안나들'을 조롱하며 안타깝게 생각할 수 있다. 기도와 금식의 소박하고 절제된 삶을 사는 것이 이 첨단 시대에는 어리석어 보일지 모른다. 그러나 영원의 관점에서 볼 때, 딱 한 번이라도 하나님이 부여한 사명을 이룬 사람들은 그것이 얼마나 영광스러운 일이라는 것을 알게 된다. 이를 위해 기도해야 한다. 기도하는 사람들은 외롭고 초라해 보여도 누구보다도 풍성한 삶을 사는 사람들이다. 기도의 사람인 앤드류 머레이의 다음 말을 음미해 보기 바란다.

"기도는 모든 영역에서 영적인 삶의 고동소리다. 기도야말로 사역자들과 사람들에게 하늘의 축복과 능력을 전해 주는 가장 위대한 수단이다. 끈기 있는 믿음의 기도는 강력하고 풍요로운 삶을 살고 있다는 증거다."

오늘 내 삶이 무미건조해지고, 어느 때부터 말라가고 있다는 느낌이 든다면 당장 엎드려 기도해야 한다. 다시 한번 소명의 삶을 살게 해달라고 간구해야 한다. 자신에게 부여된 기도의 과업을 붙잡는 순간, 빈들의 마른 풀 같이 시들은 일상은 사라지고 강력하고 풍요로운 삶이 찾아올 것이다.

5. 기도의 영을 추구하라

독일의 경건주의자로 헤른후트의 모라비안 공동체를 이끈 니콜라우스 루트비히 폰 진젠도르프(Zinzendorf · 1700~1760) 백작은 언제나 "나에게는 단 한 가지 열망밖에 없다. 그것은 예수님, 오직 그분뿐이다."라고 고백했다. 그는 육십 평생을 그 말대로 예수님께 집중하는 삶을 살았다. 나는 진젠도르프야말로 지금의 한국 사회와 교회가 배워야 할 영적 지도자 가운데 한 명이라고 믿는다. 그의 깊은 경건성과 하나님을 향한 순수한 헌신, 기도와 선교에 대한 열정은 한국 교회와 사회의 부흥을 위해 절실한 주제다.

헤른후트(Herrnhut)는 독일과 체코와 폴란드 국경에 인접한 인구 1200여 명의 작은 마을이다. 이곳의 영주였던 진젠도르프 백작은 헤른후트에 정착한 모라비안 교도들과 형제단을 만들어 근대 독일의 영적 각성을 이끌었다. 헤른후트는 '하나님의 피난처' 또는 '하나님의 오두막'이란 뜻이다.

14세기 말경 종교개혁가 얀 후스는 오직 믿음으로 말미암는 은혜인 칭의에 대한 교리를 가르쳤다. 그는 자신의 믿음을 지키다 화형을 당했다. 죽기 전에 그는 무릎을 꿇고 하나님께 자기의 적들을 용서해 주시기를 간구했다. 그 후 얀 후스를 따랐던 사람들이 보헤미안 형제단을 조직했고, 훗날 이것이 모라비안 교회가 된 것이다.

1722년 체코와 독일의 경계를 넘어온 한 무리의 모라비안들이 독일 작센 지방에 살았던 진젠도르프 백작에게 구원을 요청했다. 진젠도르프는 그들이 자신의 영지에 정착하도록 허락했다. 3년 후에는 100여 명의 모라비안들이 영지로 이주했다. 거기서 그들은 헤른후트라는 기독교 공동체를 일궜다.

1727년 진젠도르프가 이끄는 모라비안 공동체 가운데 큰 부흥이 임했다. 이른바 '모라비아 교도의 오순절'이었다. 하나님과의 진실된 만남을 통해 이들 공동체는 자신들의 생명을 가장 귀한 일에 바치기로 다짐한다. 신앙의 경건성이 교회뿐 아니라 사회로 흐를 수 있도록 일상에서 기도와 희생의 삶을 살았으며 전 세계를 향해 하나님의 복음을 전했다.

1728년 진젠도르프와 형제단은 서인도와 터키 등에 선교사를 보낼 것을 결의했으며, 4년 후 두 명의 선교사를 서인도 제도에 파송했다. 개신교 최초의 선교사들이다. 이후 독일 남부와 스위스, 발트해 연안, 러시아, 북미 등 전 세계로 선교의 지경을 넓혀 나갔다. 18세기에 226명의 선교사를 해외에 파송했다. 이들은 선교지로 가면서 자신들의 관을 짜서 가지고 갔다. 선교지에서 삶을 바치겠다는 결의였다. 그들은 복음을 위해 강과 바다, 산을 건넜고 개 썰매를 타고 그린란드의 빙하를 헤치고 갔다.

주 예수 그리스도를 향한 한 가지의 열망이 없다면 도저히 실행할 수 없는 일들을 헤른후트 사람들은 믿음 하나로 이뤄냈다. 그들의 무기는 기도였다. 기도는 믿음을 유지시키고 키우기 위한 결정적 요소였다.

1727년 헤른후트에 성령의 바람이 분 이후에 모라비안들은 자신들의 공동체에 '기도의 영'이 충만하기를 소망했다. 부흥이 시작되자 그들이 제일 처음 했던 것은 기도의 불이 매일 24시간, 365일 동안 타오르게 하는 것이었다. 마을 주민 가운데 24명의 남자와 24명의 여자가 하루에 한 시간씩 기도에 헌신하기로 서원했다. 시간이 지나면서 많은 주민이 24시간 기도에 동참했다. 매순간 사람들이 일하거나 잠든 사이에 누군가는 기도하고 있었다. 그럼으로써 헤른후트의 기도의 불은 한순간도 꺼지지 않았다. 하루 24시간, 일주일 7일, 1년 365일 동안 그들은 기도했다.

이 기도의 영은 개인과 가정, 마을 너머로 번져갔다. 너무도 강하게 기도의 영을 추구했기에 그들은 기도하지 않으며 견딜 수 없었다. 기도가 한 공동체의 호흡이 됨으로서 인간이 상상할 수 없는 놀라운 역사가 일어났다. 모라비안들의 24시간 기도는 무려 110여 년간이나 지속됐다. '기도의 영'이 흐르지 않았다면, 인간의 힘으로 진행됐다면 도저히 이뤄질 수 없는 일이었다.

기도수업

이들을 이끈 진젠도르프는 누구보다도 간절하게 기도의 영을 추구한 인물이었다. 그 추구의 기저에는 예수님과의 인격적 만남이 있었다. 훌륭한 가문에서 태어난 진젠도르프는 19세에 독일 뒤셀도르프에서 이탈리아의 화가 도메니코 페티의 작품 '에케 호모(이 사람을 보라)'에 묘사된 예수 수난 장면의 그림을 보고 깊은 감동을 받았으며 평생 주님의 십자가와 동행하는 삶을 살기로 다짐했다. 주님을 만난 이후 자신 앞에 놓여 있는 번영의 길을 과감히 버리고 대중이 가지 않았던 '그 길(The Way)'을 걸어갔다. 부르심에 순종한 길이었다. 한 사람의 순종으로 인해 선교의 새 역사가 시작됐고 복음을 통한 사회변혁의 꿈이 전 세계로 퍼져갔다. 차가운 이성과 자율의 시대 속에서 '풀이 죽은' 18세기 사람들에게 평범한 일상을 뛰어넘는 영적 다이내믹이 있다는 사실을 알려줬다. 작은 마을 헤른후트의 부흥은 독일을 넘어 전 세계로 퍼져 감리교 등 교회의 부흥을 이끌어 냈다. 한 사람과 한 공동체에 임한 기도의 영이 작은 마을을 넘어 세계를 영적으로 흔든 것이다.

나는 이 진젠도르프와 모라비안의 기도 운동이 내 삶과 사역, 공동체에 넘치기를 오랫동안 기도해왔다. 실제로 나는 헤른후트와 같은 기도와 사랑의 공동체를 꿈꾸며 'Sunrise Community Clinic'이라는 단체를 운영하고 있다. 네트워킹을 통한 24시간 기도 운동과 찬양, 성경적인 단순한 삶, 어려운 이웃을 위한 섬김과 나눔, 열정적인 선교를 계획하고 있다. 나는 생명이 다하는 날까지 이 일을 멈추지 않을 것이다. 여기에 우리의 새롭고 살길이 있다고 믿기 때문이다.

일단 기도의 영에 충만하면 도저히 기도하지 않을 수 없게 된다. 헤른후트 전 공동체원들이 합심해 기도할 수 있었던 것은 그들에게 기도의 영이 임했기 때문이다. 우리에게 필요한 것은 기도의 영을 추구하며, 그 기도의 영을 일상에서 가꾸는 것이다. 기도의 영에 충만한 사람들은 자신만을 위하는 좁은 기도가 아니라 이웃을 향한 넓은 기도를 진심으로 드릴 수 있다. 성경의 인물인 에바브라에게서 이 같은 예를 발견하게 된다.

> "그리스도 예수의 종인 너희에게서 온 에바브라가 너희에게 문안하
> 느니라. 그가 항상 너희를 위하여 애써 기도하여 너희로 하나님의
> 모든 뜻 가운데서 완전하고 확신 있게 서기를 구하나니"(골 4:12)

사도 바울이 골로새의 형제들에게 보낸 편지에서 1세기의 신실한 그리스도인이었던 에바브라에 대해 쓴 글이다. 에바브라는 '항상', '주변 형제자매들을 위해', '기도에 힘쓴' 믿음의 사람이었다. '힘썼다'란 말은 평범하게 기도한 것이 아니라 혼신의 힘을 다해, 진액을 쏟아가며 기도했다는 뜻이다. 여기서 사용된 '힘썼다'의 헬라어적 의미는 '창자가 끊어질 정도로 격렬하고 희생이 따르는 행동'을 의미한다. 예수님이 겟세마네 동산에서 기도하실 때 심히 고뇌하며 애를 쓴 것과 같은 상태라고 보면 된다.

에바브라가 이같이 힘써 기도하게 된 것은 그에게 '기도의 영'이 충만하게 임했기 때문일 것이다. 우리 힘으로는 그런 창자가 끊어지

는 마음으로 타인을 위해 기도하기 힘들다. 그러나 일단 1727년 헤른후트 공동체에 임한 것과 같은 기도의 영에 사로잡히면 타인을 위한 진실한 사랑의 기도를 드릴 수 있다. 그것이 오히려 자연적 현상이 된다. 그런 중보의 기도를 드림으로써 에바브라는 동료 크리스천들의 마음을 얻었다. 그들로부터 사랑받는 사람이 될 수 있었다.

도처에서 기독교의 권위가 추락하고 있는 이 시점에 우리에게 필요한 자는 에바브라와 같은 기도의 사람, 사랑의 사람이다. 진젠도르프와 모라비아 교도들과 같은 기도의 영에 사로잡힌 사람들이다. 일단 기도의 영에 붙잡히면 '세상과 나는 간 곳 없고 구속한 주만 보이는' 삶을 살게 된다.

1700년대에 헤른후트의 젊은 남녀들이 한순간도 멈추지 않고 기도의 불을 높이 들어올리기로 결심한 것은 그들이 살아 계신 주님을 만났기 때문이다. 그 만남이 그들의 모든 것을 바꿔 놓았다. 존재의 원형질이 변한 것 같은 삶을 살 수 있었다. '고난 받으신 어린양께 보상해 드리기 위해' 기도의 대열에 합류했던 것도 그 같은 만남이 있었기에 가능했다. 그러고 보면 결국은 만남이다. 생명의 주님을 만났는가, 만나지 않았는가가 모든 것을 가른다. 사모함이 재산이다. 그 결정적 만남을 추구하는 사람, 기도의 영을 갈망하는 사람들은 결국 주님을 만나고 기도의 대열에 동참하게 된다.

지금 우리에게 이 시대의 에바브라, 이 시대의 진젠도르프와 모라비안들이 나타나야 한다. 물론 전 세계 도처에 숨겨져 있지만 에바브라처럼, 진젠도르프처럼 기도의 영에 사로잡혀 전심으로 간구하는 수많은 믿음의 사람들이 있으리라 믿는다. 그것이야말로 우리의 희망이다. 이 글을 읽는 여러분도 그렇게 될 수 있다. 당장 무릎 꿇고 기도의 영이 임하기를 추구해 보시기 바란다. 거기서부터 새로운 역사는 시작될 것이다.

헤른후트 공동체를 이끈 진젠도르프 백작

6. 하나님은 우리의 부르짖음을 기다리신다

"그러나 여호와께서 기다리시나니 이는 너희에게 은혜를 베풀려 하심이요 일어나시리니 이는 너희를 긍휼히 여기려 하심이라. 대저 여호와는 정의의 하나님이심이라 그를 기다리는 자마다 복이 있도다. 시온에 거주하며 예루살렘에 거주하는 백성아 너는 다시 통곡하지 아니할 것이라. 그가 네 부르짖는 소리로 말미암아 네게 은혜를 베푸시되 그가 들으실 때에 네게 응답하시리라."(사 30:18~19)

하나님은 우리의 부르짖음을 기다리신다. 우리가 부르짖을 때, 하늘 아버지는 우리의 간절한 음성을 들으시며 부르짖는 그 내용을 응답하신다고 말씀하신다. '네 부르짖는 소리로 말미암아'라는 구절에 유의해야 한다. 물론 하나님은 우리의 마음의 상태를 잘 아시는 분이시다. 그럼에도 하나님은 우리와 대화를 나누기 원하신다. 그분은 우리의 입술을 통해 나오는 말들을 듣는 것을 좋아하신다. 그분은 말씀으로 우리에게 다가오시고 우리는 그 말씀을 기도로 다시 올려 드려야 한다. 말씀과 기도의 이런 상호작용을 통해 우리는 하나님과 소통한다. 그분의 말씀을 기도로 돌려드릴 때, 큰 능력이 임한다. 우리의 신음까지도 들으시는 하나님은 '들으실 때'에 응답하신다.

우리의 대적 마귀는 끊임없이 우리 옆에 와서 속삭인다. "정말 하나님이 너의 기도를 들으실까? 도대체 왜 기도해야 해? 하나님은 만군의 주이여, 만왕의 왕이라며? 그분은 주권자시잖아. 당신 마음대로 뭐든지 하시는 분이고, 이루시는 분이라고. 그러니 너 같은 사람이 아무리 부르짖어도 하나님의 왕국에는 어떤 도움도 되지 않아." 이 같은 속삭임은 우리의 기도 의욕을 상실시킨다. 그리고 부르짖는 행위를 창피하게 여기게 만든다. 그러나 하나님은 들으신다! 지금도 우리 기도를 듣고 계신다. 신음과 같은 기도라고 해도 하늘에는 뇌성벽력과 같이 울려 퍼진다. 하늘 아버지께 드리는 기도는 언제나 능력이 있다. 왜냐하면 기도를 들으시는 하나님이 놀라운 능력자이시기 때문이다.

우리가 기도하지 않는 가장 큰 이유는 하나님이 들으신다는 생생하고 즐거운 확신이 없기 때문이다. 그러나 하나님은 들으신다! 들으시는 하나님은 항상 기도에 응답해 주실 준비를 하고 계신다. 이것을 믿어야 한다. 믿는 만큼 응답이 온다. 내가 기도하는 동안에 하나님께서는 구하는 것을 반드시 이뤄주신다는 믿음을 가져야 한다.

기도수업

앤드류 머레이는 이렇게 말한다.

"기도의 능력은 하나님이 들으신다는 믿음에 달려 있다. 그리스
도인에게 기도할 용기를 주고, 하나님께서 기도를 들으신다는 확신
을 갖는 것이 바로 믿음이다. 하나님께서 내 기도를 들으신다고 확
신하는 순간, 인내하며 오래 기도하고 싶다는 생각이 든다. 믿음을
가지고 하나님께서 응답해 주시리라고 구할 강한 심정이 생긴다."

하나님은 들으신다. 이것은 기도하는 자들에게는 엄청난 용기를
주는 명제다. 여기에 반하는 대적의 어떤 소리에도 귀를 기울이지
말아야 한다. 그런 소리가 들릴 때마다 포기하지 말고 더욱 부르짖
으며 기도해야 한다. 그러다 보면 마태복음 21장 22절에서 예수님
이 약속해 주신 것처럼 무엇이든 믿고 구하는 것은 다 받게 된다.

부르짖는 기도는 하늘 문을 열게 한다. 우리 삶에 능력이 임하게
한다. 교회를 일으킨다. 부흥의 영을 불어넣어 준다. 물이 바다를 덮
음같이 여호와의 영광이 온 땅에 임하게 한다. 한국 교회는 부르짖
어 기도하는 교회였다. 과거엔 전국 방방곡곡에서 신자들의 부르짖
는 소리가 그치지 않았다. 그러나 어느 순간부터 그 부르짖음의 강
도가 약해졌다. 부르짖음이 약해지면서 한국 교회도 생기를 잃게 되
었다. 이것은 역으로 부르짖는 기도를 드릴 때, 다시 한국 교회가 일
어설 수 있다는 의미다. 그래서 지금은 어느 때보다 부르짖는 기도
를 회복해야 할 때다.

이사야 선지자는 하나님께서 '… 때'를 기다리신다고 말했다. 그분이 자신의 약속을 성취하실 때 말이다. 그때까지 기다리신다. 하나님이 기다리시는 동안, 우리 역시 하나님을 기다려야 한다. 조급해서 포기하면 안 된다. 끈기 있게 기다려야 한다. 기다리면 반드시 응답이 찾아온다. 그분은 모든 이에게 부어준 자신의 약속이 성취될 때를 기다리고 계신다. 그분은 단지 기다리시기만 하는 것이 아니다. 응답하기 위해 모든 준비를 갖추고 계신다. 그리고 결국 응답해 주신다. 그래서 기다리며 부르짖어야 한다. 마침내 때가 이르면 나의 부르짖는 것 이상의 응답이 찾아온다. 이것이 바로 이사야가 강조한 내용이다.

누가복음 18:1~8절에 '불의한 재판장에게 집요하게 부르짖는 과부'에 대한 예수님의 비유가 나온다. 하나님을 두려워하지 않고 사람을 헤아리지 않는 불의한 재판관에게 과부는 끈질기게 다가가 부르짖으며 원한을 갚아달라고 강청한다. 재판관은 정말 나쁜 사람이었음에도 불구하고 결국 끈질긴 과부의 손을 들어준다.

이 비유를 말하시며, 예수님은 반어법적으로 질문을 던지신다. "만일 불의한 재판장이 집요하게 부르짖는 이 과부에게 정의를 베풀었다면, 택하신 백성의 밤낮 부르짖는 소리를 듣는 너희의 의로우신 하나님께서 그 억울함을 풀어 주지 아니하시겠느냐?"

여기에 대한 대답은 분명하다. 하나님은 자신의 이름을 부르는 택한 자들의 원한을 반드시 풀어주신다. 예수님이 불의한 재판장과 과부에 대한 비유를 말씀하신 것은 하나님은 기도를 들어주시는 분이기에 어떤 경우에도 희망을 잃지 말고 항상 부르짖어 기도해야 한다는 사실을 알려주시기 위함이었다. 재판장은 하나님을 두려워하지 않고 사람을 무시하는 악한 자였음에도 불구하고 결국 힘없고 가난한 과부의 간청을 들어주었다.

최고의 재판장이신 하나님은 결코 불의하지 않으시다. 공의롭고 자비로우시다. 그런 하나님이 당신의 자녀가 원한 섞인 심정으로 기도할 때 들어주시지 않겠는가? 멀리 갈 것 없이 각자의 가정에서 자녀들이 만일 그런 자세로 무언가를 구한다면 들어주지 않을 부모가 어디 있겠는가? 이것이 비유에서 예수님이 말씀하신 포인트다. 어떤 경우에도 낙심하지 말고 쉼 없이 기도하라는 권면의 말씀이다.

사실 인간의 삶은 고난의 연속이다. 결코 쉬운 삶은 없다. 이 땅에서 제한된 인간이 영위하는 삶은 언제나 고단하다. 내 주변에서 삶이 쉽다고 말하는 사람은 아무도 없다. 각인각색이다. 모두가 무언가의 사연을 안고 있다. 고단한 삶을 살면서 비통한 마음으로 수없이 과부와 같이 원한 섞인 기도를 드려야 한다. 우리의 대적은 '그 많은 사람의 기도를 하나님이 어떻게 들으시겠니? 아서라'라고 속삭인다. 그러나 하나님은 절대로 우리를 귀찮아하지 않으신다. 우리가 자신의 이름을 부르며 부르짖는 것을 들으시는 분이시다. 그것을 오히려 좋아하신다. 그 같은 행위에 감동하신다. 우리의 끈질긴 간구의 부르짖음을 반기신다.

"바위 틈 낭떠러지 은밀한 곳에 있는 나의 비둘기야 내가 네 얼굴을

보게 하라 네 소리를 듣게 하라 네 소리는 부드럽고 네 얼굴은 아름
답구나."(아 2:14)

우리를 사랑하시는 하나님은 우리의 얼굴을 보고 싶어 하신다.
우리의 소리를 듣기 원하신다. 그분은 모든 사람들의 시선이 오직
자신에게 향하는 것을 즐기신다. 하늘을 향해 힐끗 쳐다보는 피조물
의 모습을 보기만 해도 좋아하신다. 하나님은 그런 분이시다. 우리
는 그 하나님께 부르짖어야 한다. 그분에게 시선을 고정하고, 그분
만을 바라보며 간구할 때, 그분은 반드시 들으시고 응답하신다.
  결국 이 고난의 땅을 살아가는 모든 고단한 사람들이 취할 방안은
오직 하나, 전능하신 하나님을 바라보며 밤낮 부르짖어야 하는 것이
다. 개인적인 것뿐 아니라 이 땅에 만연된 영적인 어둠을 걷어달라
고 탄원해야 한다. 죽음의 문화를 타파해 달라고 부르짖어야 한다.
북녘의 동포들에게 자유가 임하게 해달라고 부르짖어야 한다. 그분
이 능력의 손을 펼치도록 간청해야 한다. 이 부르짖는 기도는 단회
적인 것이 되어서는 안 된다. 쉬지 말고 인내를 갖고 기도해야 한다.
하나님의 말씀과 약속에 대한 무한신뢰를 하는 사람들만이 쉬지 않
고 기도할 수 있다. 믿음을 지녔다는 것은 쉼 없이 기도하는 것을 통
해 증명될 수 있다.
  부디 하나님께 집중하기 바란다. 응답받을 때까지 들으시고 기다
리시는 하나님께 초점을 맞춰 보시라. 마침내 약속이 성취될 때까지
멈추지 말고 기도를 지속하시라. 그러면 당신의 인생에서 놀라운 일

이 일어날 것이다. 불의한 재판장 앞에 서 있는 과부의 핏발 선 눈을 생각해보라. 그 원한 섞인 과부의 핏발 선 눈을 바라본 재판장은 불의하고 무도한 사람이었지만 결국 그 시선을 무시할 수 없었다. 두려움까지 느꼈을 것이다. 그러니 사랑 많으시고 자애로우신 하나님께서 어떻게 하실지는 두말할 필요가 없다. 응답받는 기도를 드리기 원하는 기도자는 불의한 재판장 앞에 선 과부와 같은 태도를 지녀야 한다. 그것이 기도자의 태도다. 오늘부터 '원한 섞인 과부의 심정'으로 부르짖어 보자.

헤른후트의 기도하는 조각상

기도의 향기가 하늘에 닿을 때, 하나님은 우리에게 내려와 임재하실 것이다. 기도는 하나님과 개인적인 관계를 맺는 것이다. 우리가 친구를 대하듯이 하나님과 얼굴을 맞대며 대화하는 것이 기도다. 그 대화의 자리에 하나님은 기꺼이 찾아오신다.

3장

기도는 동행이다

1. 하나님과 함께 기도하라

기도는 하나님과 대화하는 것이며 하늘 아버지와의 관계다. 기도할 때 우리는 하나님과 더불어 동행하게 된다. 하나님의 목적에 사로잡히게 된다. 기도는 하나님께 드리는 것이지만 기도의 대상인 하나님은 기도의 동행자이기도 하다. 하나님은 자신의 자녀들과 연합함으로써 이 땅을 다스리신다. 연합의 매개체가 기도다. 하나님은 이 땅의 믿는 자들의 기도를 들으시고 그 기도에 동조하시며 이 세상을 통치하신다. 그것이 하나님의 통치 원리다.

"우리가 하나님과 함께 일하는 자로서 너희를 권하노니 하나님의 은혜를 헛되이 받지 말라"(고후 6:1)

바울이 밝힌 대로, 피조물 된 우리는 창조주 하나님과 함께 일하는 존재다. 우리는 전구라고 할 수 있다. 전구의 불이 밝혀지기 위해서는 전원에 접속되어야 한다. 전구 자체로서는 아무런 쓸모가 없다. 그러나 스위치를 켜는 순간 전구를 통해서 빛이 나온다. 그 빛이 어둠을 밝힌다. 하나님은 이 땅을 밝히기 위해서 전구와 같은 매개체를 필요로 하신다. 창조 때부터 하나님은 피조물에게 역할을 부여하시기로 결정하셨다. 그분은 이 땅의 인간 모두에게 각자 수행해야할 사명을 주셨다. 우리의 세상은 하나님이 만드시는 거대한 퍼즐판과 같다. 모두가 각자의 퍼즐 한 조각을 갖고 저마다 '정확한 그 자리'에 맞추기 위해 생을 보내고 있다. 큰 조각도, 작은 조각도 있겠지만 결국은 퍼즐 한 조각일 뿐이다. 그러므로 누구나 자신의 퍼즐 조각으로 인해 우쭐대거나 상심할 필요가 없다.

퍼즐 한 조각이라고 해서 전적인 수동성만 있는 것이 아니다. 하나님은 인간들에게 자유의지를 주셨다. 각자의 의지에 따라 자신의 운명을 결정할 수 있는 여지가 있으며, 삶의 차이를 만들어 낼 영향력을 발휘할 수 있다. 하나님과 함께 일하는 우리의 자세와 열정의 강도에 따라 결과가 달라질 수 있다. 여기에 기도가 중요하다. 하나님께 드리는, 하나님과 함께 드리는 기도에 따라 전구에서 발하는 빛의 세기가 달라진다. 전구에 보내지는 전원의 강도에 따라 빛이 미치는 범위, 영향력의 차이가 나온다.

하나님과 함께 기도하며 일하기에 어디서 기도하는지는 중요하지 않다. 가장 필수적인 것은 '기도하는 것'이다. 교회나 기도원이 아니어도 된다. 일터에서, 가정에서, 학교에서, 군대에서, 심지어 감옥에서도 효과적인 기도를 드릴 수 있다.

로마의 컴컴한 감옥에 갇혀 있던 바울의 기도가 에베소 교회를 변화시켰다는 사실을 기억하라. 골방에서의 작은 신음소리와 같은 기도가 나비효과를 일으켜 민족의 운명까지도 바꿀 수 있다. 포인트는 전구가 아니라 전구에 보내지는 파워에 있기 때문이다. 그러므로 반드시 전원과 접속되어야 한다. 전원과의 접속하는 장치가 바로 기도다. 기도한다는 것은 인간이 하나님과의 관계에 대해 가장 명확하고 보편적으로 반응하는 행위라고 할 수 있다.

하나님은 인간의 기도를 들으실 만반의 준비를 하고 계신다. 그리고 기꺼이 자신의 파워(능력)를 기도자에게 보내려 하신다. 기도를 통해 우리는 인생의 해결자이자 퍼즐 판의 주인이신 하나님께 나아갈 수 있다. 하나님께 나아갈 수 있다는 것은 피조물로서는 엄청난 특권이다. 이 특권은 우리에게 간단히 주어진 것이 아니다. 예수 그리스도가 치르신 엄청난 희생의 대가로 주어진 것이다. 기도할 수 있다는 것은 믿는 자들에게 주어진 선물이다. 보배와 같은 선물이다. 구원받은 이후에 믿는 자들이 받은 가장 큰 선물이 기도라는 사실을 믿어야 한다. 선물은 열어 보아야 한다. 그리고 효과적으로 사용되어야 한다.

하나님과 함께 기도하기 위해서는 하나님을 믿는 믿음이 있어야 한다. 기도자에게 필요한 것은 종교적 의식이나 행위가 아니라 하나님과 바른 관계를 맺는 것이다. 기도자는 믿음에 굳게 서야 한다.

여기서 믿음이 과연 무엇인지에 대해서 생각해보려 한다. 우리는 신앙생활을 하면서 믿음이라는 말을 자주 한다. 그런데 믿음은 무엇일까? 믿음의 본질은? 믿음의 본질을 아는 것은 아주 중요하다. 믿음이 있어야 믿음의 대상을 믿을 수 있고, 그 대상에게 바른 기도를 드릴 수 있기 때문이다.

믿음의 본질이 무엇인지 알기 위해서는 먼저 믿음의 반대편, 즉 믿음의 본질이 아닌 것이 무엇인지를 살펴보면 된다. 믿음의 본질은 실제이며 대상이요 관계성이다. 그러나 믿음의 반대편은 관념이요 종교 현상이며 도덕성이다. 믿음의 본질은 숙명적 삶이지만 믿음의 반대편은 라이프 스타일이다.

믿음의 본질은 '누구를 믿느냐'지만 믿음의 반대편은 무엇을 믿느냐이다. 믿음의 본질은 인격적이다. 그러나 믿음의 반대편은 기계적이다. 믿음의 본질은 하나님과 내가 연애를 하는 것이다. 그러나 믿음의 반대편은 봉사요, 지성적인 노력이며 수고이다. 믿음의 본질은 부활하신 예수님을 믿는 것이지만 믿음의 반대는 예수님의 부활을 믿는 것이다. 이 말을 잘 이해해야 한다.

믿음의 본질은 그분의 바람을 따르는 것이다. 믿음의 반대편은 나의 바람을 추구하는 것이다. 믿음의 본질은 알지 못하는 가운데 떠나는 것이다. 'Going not knowing'이라고 할 수 있지만 믿음의 반대편은 내 계획대로 가는 것이다. 즉 'Going with my plan'이라고 할 수 있다.

믿음의 본질은 은혜의 관계이며 언약이다. 그러나 믿음의 반대는 상벌의 관계이며 거래다. 믿음의 본질은 믿음 자체가 목적이지만 믿음의 반대편은 믿음을 수단으로 삼는다. 믿음의 본질은 하나님의 자기 계시이지만 믿음의 반대편은 인간의 자기 암시다. 믿음의 본질은 태도이며 순종이다. 그러나 믿음의 반대편은 방법, 즉 테크닉이며 불순종하는 것이다.

믿음을 이야기할 때, 바로 생각나는 성경 속 인물이 있다. 아브라함이다. 그는 '믿음의 조상'이라 칭함을 받는다. 어떻게 아브라함은 믿음의 조상이 되었을까? 아브라함을 통해 믿음의 본질이 무엇인지를 살펴볼 수 있다. 창세기 11장 28절에서부터 12장 9절까지 보면 아브라함이 하란을 떠나는 장면이 나온다. 성서학자들은 아브람과 아버지 데라가 기원전 2000년 당시 세계 4대 문명권의 하나인 메소포타미아 지역에서 살았던 사회 하층 계급 사람들이었다고 추정한다.

12장 1절에 "고향 친척 아버지 집을 떠나 내가 네게 보여 줄 땅으로 가라"는 하나님의 명령이 나온다. 여기서 아브라함은 하나님의 명령 하나에 정든 지역을 떠나 이주를 결행하게 된다. 어떻게 아브라함은 고향 친척 아버지 집을 떠날 수 있었을까? 이 질문에 대한 답을 얻으면 믿음의 본질을 이해할 수 있다. 아브라함의 떠남의 결행의 키는 신이라는 대상과의 관계에 있었다. 바로 누군가라는 대상이 있었고, 그 대상과의 어떤 관계 때문에 떠남이 가능했을 것이다. 사람들은 막연한 논리 때문에 무모한 도전을 감행하지 않는다. 무모한 도전 뒤에는 반드시 그 도전을 가능케 만들었던 대상이 있다.

여기서 믿음의 본질에 대한 중요한 사항 하나가 나온다. 믿음이란 누구를 믿는 것이지 무엇을 믿는 것이 아니라는 것이다. 앞에서 말했지만 믿음은 예수님의 부활을 믿는 것이 아니라 부활하신 예수님을 믿는 것이다. 부활하신 예수님을 믿는 사람이 바로 신자이다. 그분이 나에게서 찾는 것은 무엇인가? 바로 나이다. 이것이 전부다. 그분이 찾는 것은 나의 행위나 노력, 업적이 아니다. 그분이 찾는 전부는 바로 나 자체뿐이다.

신앙생활은 연애하는 것이라고 할 수 있다. 예수님과 우리가 서로를 찾아 연애를 하는 것이다. 연애하면 눈에 뵈는 것이 없다. 눈에 콩깍지가 낀다. 하나님 밖에, 예수님 밖에 보이는 것이 없는 상태, 이것을 믿음이라고 한다. 연애할 때 연인들은 서로가 자기만을 바라보기 원한다. 마찬가지로 하나님도 믿는 자들이 자기만을 바라보기를 원하신다. '하나님 만(Only God)'이 신자의 태도이어야 한다. '하나님도(Not only God, But also…)'는 하나님을 믿는 믿음의 태도가 아니다. 하나님도 섬기고 다른 것도 겸하여 의지하려고 하면 하나님은 이렇게 말씀하실 것이다. "그래, 나만이 아니구나. 그럼 나는 빠질래…" 하나님은 다른 것과 병행해서 인정받는 것을 모욕으로 느끼시며 스스로 물러나신다. 하나님이 빠져버린 인생의 결과는 추락이다.

신자의 태도 변화는 이렇게 진행된다. 먼저 대상과의 만남이 있다. 그 대상과의 엄청난 위상 차이를 느끼며 그 대상에게 굴복한다. 그리고 그 대상과의 관계가 이뤄진다. 이것이 믿음이다. 이 믿음이 있는 사람은 그 대상의 지시에 따라 실행할 수 있다.

우리는 대상보다는 현상을 믿을 때가 많다. 현상만을 믿는 사람들은 대상과의 관계가 없는 사람이다. 무언가를 주실 것이라는 현상에만 집착하면 그 무언가를 받지 못했을 때, 실망하고 좌절한다. 믿음은 바라는 것들의 실상이다. 하나님이 바라는 것을 실제인 것으로 알고 사는 태도를 믿음이라고 한다.

창세기 22장은 아브라함 이야기의 정점이다. 하나님은 아브라함더러 100세에 얻은 아들 이삭을 번제물로 바치라고 명하신다. 이 황당한 명령을 받은 아브라함의 태도가 이상하다. 그는 조금의 주저함도 없이 이삭을 데리고 모리아 산으로 간다. 어떻게 이런 일이 있을 수 있었을까?

22장에서 보여지는 아브라함은 치사하고 이기적이며 두려움이 많았던 이전의 아브라함이 아니었다. 그에게 무언가 혁명적인 변화가 일어난 것이다. 22장 초반에 '그 일 후에'라는 구절이 나온다. '그 일'은 무슨 일이었는가? 그 일이 시사하는 바는 아브라함이 믿음의 사람이고 하나님의 말씀에 생명을 걸고 순종하는 사람이라는 사실을 알 수 있을 만큼 충분한 일이 있은 후, 이 사건이 일어났다는 것이다. 그 일 가운데 하나가 경수가 끊어진 아내 사라가 아들 이삭을 낳은 것이다. 아브라함은 "하늘의 별과 같이 네 자손이 많아질 것이다"라는 약속을 받았지만 100세가 될 때까지 아들을 얻지 못했다. 하늘의 별과 같은 자손은커녕 대가 끊어질 판이었다. 그런데 아브라함은 결국 약속의 말씀대로 이삭을 얻었다.

아브라함이 이삭을 낳을 때, 그는 아들만이 아니라 하나님을 얻었다. 약속하신 자가 신실하다는 사실을 깨달았다. 그 신실하신 하나님을 만난 이후 그는 더 이상 상황을 보지 않았다. 오직 대상과의 관계만을 염두에 뒀다. 아브라함이 아들 이삭을 바칠 때, 하나님은 아브라함의 순종하는 행동이나 이삭을 얻은 것이 아니라 바로 아브라함을 얻었다. 그때 아브라함은 하나님을 얻었고 하나님은 아브라함을 얻었다. 이것이 바로 구원이요, 영생이요, 부활이다.

결국 요점은 하나님의 관심이 바로 나 자신이라는 것이다. 나의 선행과 업적이 아니라 오직 나 자신뿐이다. 이것이 바로 은혜다. 하나님의 관심이 나뿐인 것 같이 나의 관심 역시 하나님뿐이어야 한다. 하나님은 나의 행동을 기뻐하는 것이 아니라 순종을 기뻐하는 것이다. 마찬가지로 나 역시 하나님이 나에게 해주시는 일로 인해 기뻐할 것이 아니라 하나님 자체를 기뻐해야 한다.

지금 우리의 문제는 믿음의 본질에서 떠나 있다는 것이다. 믿음의 대상인 하나님과 연애하지 못하고 있는데 모든 문제가 있다. 그분 자체를 갈망하지 않고 그분의 능력만 바라보고 있는데 문제가 있다. 우리가 믿음 생활을 하는 데에는 수많은 동기가 있다. 경제적인 어려움, 인간관계의 갈등, 인생의 허무함, 자녀 문제, 질병의 치유, 죽음 이후의 안전보장 등 여러 이유로 하나님을 찾고 있다. 대부분의 인간은 하나님을 도구로 이용해 자신의 삶을 형통하게 하려는 동기를 지니고 있다. 예수님에게도 수많은 동기를 지닌 무리가 몰려왔다. 그 무리에게 예수님은 오직 한 가지만을 말하셨다. "너희들의 동기가 잘못되었다. 오직 하나님과의 관계를 위해, 오직 하나님만을 위하여, 오직 하나님만을 목적으로 나아와야 한다."

믿음의 사람들은 주님을 왕으로 섬기고 그분을 위해 사는 사람들이다. 믿음의 사람들은 종교적인 신자이기를 거부하고 과감히 하나님을 따른다. 믿음의 길은 우리가 계획하는 방식으로 하나님께 가는 길이 아니다. 믿음의 길은 하나님이 제시하는 방식으로 우리에게 주시는 하나님의 길이다. 믿음을 지니기 위해서는 믿음의 대상을 신뢰해야 한다. 아브라함과 이삭은 모리아 산으로 가는 사흘간의 여행길에서 우리의 이해를 초월하는 하나님을 믿음으로 받아들이고 예배했다. 그 길은 신뢰의 길이었다. 우리도 그 길을 가야 한다.

다소 장황하게 믿음의 본질에 대해 이야기했다. 하나님과 동행하며 기도하기 위해서는 무엇보다 믿음이 필요하기 때문이다. 믿음이 없으면 기도할 수 없다. 믿음의 본질에서 떠나 있을 때, 믿음의 대상이신 하나님과 결코 더불어 갈 수 없다. 하나님과 함께 기도할 수 없고, 결과적으로 우리의 모든 기도에서 능력이 상실된다. 전구가 아무리 노력해도 그 자체로는 빛을 발할 수 없다. 빛의 근원과 접속하지 않는 한 전구 자체의 노력은 결국 무위로 돌아갈 수밖에 없다. 우리의 기도도 마찬가지다. 믿음의 본질에서 떠난 기도는 울리는 꽹과리와 같다. 그럼으로써 수없이 기도를 하지만 우리 기도의 대부분은 하늘나라에서 잡동사니 우편물처럼 취급당하게 된다. 내가 이 책을 쓰는 이유가 바로 여기에 있다. 우리는 바른 기도를 드려야 한다. 바른 기도를 드리기 위해서는 바른 믿음을 지녀야 한다.

이 책을 읽으며 믿음의 본질을 이해하고, 오직 믿음의 대상이신 하나님만을 바라보며 그분과 동행하는 기도 여정을 떠나길 바란다.
그럼으로써 우리가 드리는 모든 기도가 하나님과 접속된 능력 있는
기도가 되어 개인과 가정, 민족을 변화시킬 수 있기를 ….

헤른후트 마을의 종

2. 하나님의 음성을 들으며 기도하라

"여호와께서 임하여 서서 전과 같이 사무엘아 사무엘아 부르시는지라 사무엘이 이르되 말씀하옵소서 주의 종이 듣겠나이다 하니"(삼상 3:10)

하나님이 어린 사무엘을 부르셨다. 사무엘은 엘리 제사장이 자신을 부른 줄 알고 그에게 가서 "내가 여기 있나이다"라고 답한다. 그러나 엘리 제사장이 부른 것이 아니었다. 세 번이나 사무엘은 하나님의 부르심을 엘리 제사장이 부른 것으로 알고 그에게 다가갔다. 그러다 엘리 제사장이 알려준 바에 따라 네 번째에는 하나님께 "말씀하옵소서 주의 종이 듣겠나이다"라고 대답하며 나아갔다. 사무엘은 어린 시절부터 부르심에 귀를 기울이는 삶을 살았다. 하나님이건, 엘리 제사장이건, 누가 부르든지 "내가 여기 있나이다"라고 즉각

적으로 답했다. 겸손하게 듣는 마음을 지녔기에 그는 어떤 음성도 그냥 지나치지 않는 사려 깊은 사람으로 자라날 수 있었다.

신학자 폴 틸리히는 "사랑의 첫 번째 의무는 상대방에게 귀를 기울이는 것"이라고 했다. 상대가 누구이건 그 음성에 귀를 기울였던 사무엘은 사랑의 사람으로 주변 사람들의 사랑을 받았음에 틀림없다. 성전에서 그는 어린 시절부터 '듣는 기도'를 드렸을 것이다. 그는 평생 하나님의 음성에 "내가 여기 있나이다. 말씀하옵소서, 주의 종이 듣겠나이다"라고 반응함으로써 하나님의 마음을 시대에 풀어내는 위대한 선지자가 되었다. 사무엘이 '듣는 마음'을 지닌 것은 엘리 제사장의 훈련도 큰 역할을 했을 것이다. 제사장으로서 그는 하나님 말씀을 듣는 것이 얼마나 중요한지 충분히 알았다. 엘리는 세 번째로 사무엘이 다가왔을 때, 하나님이 사무엘을 부르고 계신다는 것을 눈치챘다. 그리고 그 사실을 사무엘에게 가르쳐줬다.

그러나 정작 엘리는 세월이 지나면서 말씀에서 멀어졌고, 자연스레 듣는 마음이 사라지게 됐다. 그것으로 제사장 엘리의 시대는 끝난 것이나 다름없었다. 엘리 제사장의 권위는 철저히 하나님으로부터 온 것이었기 때문이다. 듣는 행위는 상대를 사랑하고 존중하지 않으면 제대로 행사될 수 없다. 하나님의 음성을 듣는다는 것은 말씀을 듣고 순종하는 것을 의미한다.

나중에 제사장이 된 사무엘은 사울 왕에게 순종이 제사보다 낫고, 듣는 것이 숫양의 기름보다 낫다고 강조한다. 그러면서 사울 왕이 하나님이 말씀을 버렸기에 하나님도 왕을 버렸다는 무서운 경고를 전한다. (삼상 15:22~23) 상대방에게 귀 기울이는 것이 사랑의 첫 번째 의무이기에 하나님의 말씀을 듣지 않는 것은 하나님에 대한 사랑이 결여되었다는 것을 결정적으로 증명한다. 하나님의 말씀을 버릴 때, 하나님의 버림을 당하게 된다.

사무엘이 듣는 마음을 지니게 된 것은 말씀을 사모했기 때문이었다. 말씀은 우리를 살리며 우리의 귀를 깨끗하게 해서 우리를 잘 들을 수 있게 한다. 말씀을 잘 들을 때에 우리 마음이 새로워지고 우리 삶이 풍요로워진다. 하나님의 말씀을 들으며 기도하는 시간이 많아야 하는 이유가 여기에 있다.

히브리어로 '히네니(Hineni)'라는 단어가 있다. 히네니는 "당신의 말을 들을 준비가 되어 있습니다" 혹은 "당신의 말을 섬기고 순종할 준비가 되어 있습니다"라는 뜻이다. '메시아닉 주'(예수님을 믿는 유대인들)와 관련한 세계적 석학인 요셉 슐람 목사는 사람들이 교차로와 같은 상황에 직면하면 두려움과 불안이 동시에 몰려오는 것을 느끼게 된다면서, 이때 가장 필요한 것은 바로 '히네니', 즉 '내가 여기 있나이다(Here I am)'라는 고백이라고 강조한다. 그는 이렇게 말한다.

'히네니'라는 단어는 신실하신 하나님의 종들이 하나님으로부터 부르심을 받았을 때 그들 모두가 공히 사용했던 것입니다. 이는 '당신의 말을 들을 준비가 되어 있습니다', '당신의 말을 섬기고 순종할 준비가 되어 있습니다'라는 뜻이죠. 하나님이 아브라함에게 이삭을 바치라고 했을 때는 아브라함이, 아브라함이 이삭을 제물을 드리려

기도수업

할 때는 이삭이 '히네니'라고 했습니다."

슐람 목사에 따르면 신자라면 하나님의 말씀을 들었을 때 히네니의 자세로 철저하게 순종해야 한다. 하나님을 선택하고 그의 뜻에 따르겠다는 것은 하나님의 말씀을 듣는 데 그치는 것이 아니라 순종과 섬김, 행함을 동시에 포함하고 있다. 교회가 세상의 더러운 악에 대해 소리를 발하지 않는 것, 교회가 세상이나 심지어 교인들의 눈치를 보는 것은 히네니의 자세가 아니다. 손해를 볼지라도, 세상의 소리에 연연하지 않고 그 길(The Way)를 걸어가는 것이 히네니라고 말한 사람이 취할 행동이다.

교회사를 돌아보면 '히네니'를 외친 사람들이 적지 않다. 기독교 역사의 순수성은 이 히네니 정신을 통해서 이어져 왔다. 목숨을 걸고 종교개혁을 주창한 마르틴 루터 역시 히네니의 정신으로 충만한 신자였다. 1517년 10월31일 독일 비텐베르크 대학 교회에 가톨릭과 면죄부의 부당성을 밝히는 95개 조항 반박문을 내건 이후 루터는 가톨릭 세계의 엄청난 압박을 받는다. 루터는 당시 독일 보름스에서 열린 제국회의에 소환을 당한다.

보름스 국회의 소환을 통고받자 수많은 사람이 루터에게 가지 말 것을 권유했다. 루터 역시 극심한 번민을 했을 것이다. 그럼에도 그는 보름스로 갈 것을 다짐한다. 그는 벗들에게 말한다.

"나는 갈 것이오. 비록 사탄이 질병보다 더욱 나를 방해하려고 무슨 짓을 행하더라도 말이오. 두렵냐고요? 두렵소. 물론 카를 5세의 명령 또한 나를 두렵게 하려고 발표된 것으로 알고 있소. 그러나 그리스도는 살아 계십니다! 모든 지옥의 문들과 공중의 권세 잡은 자들의 위협에도 불구하고 보름스로 들어갈 것이오. 그것이 주님의 뜻이기 때문입니다."

훗날 그가 당시를 회상하면서 다음과 같이 말했다. 많은 사람이 루터와 관련해서 기억하는 말 가운데 하나다. "만일 보름스의 지붕 위에 있는 기왓장처럼 많은 마귀가 나를 겨냥하고 있다는 것을 내가 알았다 할지라도, 나는 여전히 그 도시에 들어갔을 것입니다."

그는 이 같은 고백도 했다. "나는 두려워하지 않았다. 하나님은 사람을 미칠 정도로 담대하게 만들 수 있다." 우리와 똑같은 연약한 인간이었던 루터가 백절불굴의 믿음의 사람이 된 근원은 바로 하나님을 만났고, 하나님의 음성에 "히네니"라고 답할 수 있었기 때문이었다. 그 역시 수많은 믿음의 사람들과 마찬가지로 말씀을 사랑했고, 말씀 앞에서 음성을 들으며 기도했기에 결정적 시간에 위대한 믿음의 행동을 할 수 있었다.

구약시대에 솔로몬 왕은 무엇보다도 '듣는 마음'을 달라고 간구했다. 그것이 하나님의 마음을 기쁘게 했다. "누가 주의 이 많은 백성을 재판할 수 있사오리이까 듣는 마음을 종에게 주사 주의 백성을 재판하여 선악을 분별하게 하옵소서. 솔로몬이 이것을 구하매 그 말씀이 주의 마음에 든지라."(왕상 3:9~10)

이외에도 성경에는 듣는 것의 중요성을 강조하는 수많은 구절이 있다.

"진실로 진실로 너희에게 이르노니 죽은 자들이 하나님의 아들의 음성을 들을 때가 오나니 곧 이 때라. 듣는 자는 살아나리라."(요 5:25)

"내 양은 내 음성을 들으며 나는 그들을 알며 그들은 나를 따르느니라."(요 10:27)

"빌라도가 이르되 그러면 네가 왕이 아니냐? 예수께서 대답하시되 네 말과 같이 내가 왕이니라. 내가 이를 위하여 태어났으며 이를 위하여 세상에 왔나니 곧 진리에 대하여 증언하려 함이로라. 무릇 진리에 속한 자는 내 음성을 듣느니라 하신대"(요 18:37)

"누구든지 내 이름으로 전하는 내 말을 듣지 아니하는 자는 내게 벌을 받을 것이요."(신 18:19)

"나는 내 아버지에게서 본 것을 말하고 너희는 너희 아비에게서 들은 것을 행하느니라."(요 8:38)

"하나님께 속한 자는 하나님의 말씀을 듣나니 너희가 듣지 아니함은 하나님께 속하지 아니하였음이로다."(요 8:47)

요한계시록에서 하나님은 에베소, 서머나, 버가모, 두아디라, 사데, 빌라델비아, 라오디게아 등 일곱 교회에 각각 말씀을 주시면서 마지막에는 동일하게 "귀 있는 자는 성령이 교회들에게 하시는 말씀을 들을지어다"라고 하셨다.

"귀 있는 자들은 들을 지어다"는 신약성경 전반에 걸쳐 여러 번 나온다. (마 11:15, 마 13:9, 막 4:9, 눅 8:8, 눅 14:35, 계 13:9, 계 2:29) 신명기 6:4~9절은 쉐마의 말씀으로 "들으라, 이스라엘아"로 시작된다. 듣는 마음이 있어야 그 말씀을 들을 수 있다. 하나님의 말씀을 듣는 사람들이 그 말씀을 삶에서 살아낼 수 있다. 예수님의 어머니 마리아 역시 듣는 사람이었다. "마리아가 가로되 주의 여종이오니 말씀대로 내게 이루어지이다."(눅 1:38) 말씀을 겸손히 듣는 믿음의 사람 마리아의 모습을 잘 나타내는 구절이다.

이런 모든 듣는 행위는 기도를 통해서 배양된다. 하나님의 말씀 앞에서 듣는 마음을 갖고 기도하는 사람들은 언제나 사무엘처럼, 마르틴 루터처럼, 마리아처럼 "내가 여기 있나이다. 말씀대로 하옵소서"라는 고백을 할 수 있는 것이다.

믿음의 사람 아브라함이 고향과 친척, 아버지 집을 떠날 수 있었던 것도 하나님의 음성을 들었기 때문이다. 그는 기도의 사람이었다. 어느 곳에 머물건 기도의 제단을 세웠다. 그 제단에서 하나님의 말씀을 들었고, 그 말씀을 붙잡고 기도했다. 그리고 하나님의 이름을 불렀다. 제단에서 기도하면서 아브라함은 점점 더 깊은 영의 세계로 들어갈 수 있었다. 아브라함의 기도는 그 자신과 가족뿐 아니라 그가 접촉한 모든 사람을 거룩하게 만들었다. 한 사람이 말씀 앞에 온전히 서서 기도할 때 위대한 역사가 이뤄진다.

우리는 모두 기도하며 하나님 앞에 선다. 우리 모두 이 거친 세상에서 루터와 마찬가지로 히네니의 결단을 해야 할 때가 온다. 말씀을 들으며 기도해 온 사람들은 그 순간에 온전히 "내가 여기 섰나이다! (Here I stand!)"라는 고백을 할 수 있다. 그 고백을 할 때, 우리는 세상 앞에 서는 것이 아니라 하나님 앞에 서는 것이다. 기독교인은 보이지 않는 하나님을 보는 것처럼 살아가는 존재다.

'소명'의 작가 오스 기니스는 '유일한 청중'(The Audience of One)이란 용어를 썼다. 하나님이야말로 우리의 유일한 청중이시다. 우리는 기도할 때마다 유일한 청중인 하나님 앞에 서게 된다. 종교개혁가 장 칼뱅은 이를 '코람 데오(Coram Deo) 신앙'이라고 표현했다. 코람 데오는 하나님의 마음 앞에서 정직하게 서는 것이다. 하나님의 마음 앞에 철저하게 자신을 내려놓고 "당신의 말을 들을 준비가 되어 있습니다. 당신의 말을 섬기고 순종할 준비가 되어 있습니다"는 고백을 하는 사람들에게 하나님은 반드시 나타나시고 역사하신다.

3. 친밀함의 기도를 드리라

하늘의 문을 여소서

이곳을 주목 하소서

주를 향한 노래가 꺼지지 않으니

하늘을 열고 보소서

이곳에 임재하소서

주님을 기다립니다

기도의 향기가 하늘에 닿으니

주여 임재하여 주소서

이곳에 오셔서 이곳에 앉으소서

이곳에서 드리는 예배를 받으소서

주님의 이름이 주님의 이름만이

오직 주의 이름만 이곳에 있습니다

시와 그림의 '임재'

믿는 자들에게 하나님의 임재를 경험하는 것보다 더 중요한 것은 없다. 기도의 향기가 하늘에 닿을 때, 하나님은 우리에게 내려와 임재하실 것이다. 기도는 하나님과 개인적인 관계를 맺는 것이다. 우리가 친구를 대하듯이 하나님과 얼굴을 맞대며 대화하는 것이 기도다. 그 대화의 자리에 하나님은 기꺼이 찾아오신다. 그곳이 어디건 상관없이 주님의 임재가 있는 자리가 영광스러운 장소다. 기도할 때, 우리는 하나님과 주 예수 그리스도께 나아가게 된다. 거기서 우리는 전 존재를 통해 하나님과 대화를 나누게 된다. 그 대화에는 차별이 없다. 누구에게나 열려 있다.

하나님은 말씀하는 분이시면서 들으시는 분이다. 하나님은 기도를 들으시고 음성을 들려주신다. '친밀함의 기도'는 하나님을 인격적으로 만나 그분과 깊은 교제를 경험하는 기도다. "나는 말합니다. 주님은 들으십시오"라면서 일방통행식으로 기도하는 것이 아니라 하나님과 서로 대화를 나누면서 드리는 기도다.

하나님의 임재를 느끼고 그분의 말씀을 들으며 기도하기에 오랜 시간 동안 기도할 수 있게 된다. 대화의 상대자가 분명하게 존재하며 지금 내 곁에 있다고 느낄 때, 기도는 의무가 아니라 즐거운 작업이 된다. 친밀함으로 기도를 드릴 때, '나는 사랑받는 자'라는 정체성이 확인된다. 이 기도를 드리면서 가장 많이 듣는 것은 "얘야, 나는 너를 정말 사랑한단다"라는 말씀이다.

하나님의 임재가 있는 그 자리는 안전한 곳이다. '세상과 나는 간 곳 없고, 구속한 주만 보이는' 곳이다. 그 자리에 앉아본 사람들은 그

곳이 가장 안전한 곳이라는 사실을 안다. 거기에서 사람들은 과거로 도피하지도 않고, 미래로 달아나지도 않는다. 그 순간에 머물고 싶어 한다. 오직 '나는 사랑 받는 존재'라는 느낌이 세상 걱정을 사라지게 한다. 그곳에서 나는 "하나님은 사랑이시라"는 성경의 말씀을 체험하게 된다. 내가 하나님께 사랑받는 존재라는 사실을 알게 되면 자유롭게 하나님 앞에 나아가게 된다. 그곳이 안전한 장소라는 사실을 매 순간 깨닫게 된다. 그래서 친밀함의 자리에서는 일체의 가식 없이 나의 속마음을 내어놓을 수 있다.

> "하나님만이 우리의 피난처이시니, 백성아, 언제든지 그만을 의지하고, 그에게 너희의 속마음을 털어놓아라."(시 62:8, 새번역)

우리 속 깊은 마음을 토로할 장소가 바로 친밀함의 자리다. 좌절과 쓴 뿌리, 패배감, 열등의식, 이웃과의 갈등, 가정의 문제, 성격적 결함 등 그동안 마음을 짓눌렀던 것들을 모두 하나님께 쏟아 낼 수 있다. 어느 누구에게도 나누지 못할 내용을 하나님께 아뢰면 선하신 그분은 아버지 마음으로 나와 동일시하며 들으신다. 해결책도 마련해 주신다. 그분은 나의 품질을 보고 판단하시는 분이 아니다. 품질 제로의 사람들도 사랑으로 감싸 안으신다. 언제나 나직하게 말씀하신다. "얘야, 너는 나의 사랑하는 자란다." 언제까지나 나를 용납해 주시는 그분은 선하신 목자시며, 좋은 아버지시다.

친밀함 가운데 지금 지닌 모든 문제와 고통을 하나님께 가져갈 때, 모든 것이 기도로 변한다. 기도하면서 놀라운 경험을 하게 된다. 내가 느끼고 있는 고통과 문제는 그분의 손길이 닿는 순간 사라진다.

중요한 사실은 어떤 일이 있더라도 하나님께 가까이 나아가야 한다는 것이다. 주 예수님은 우리가 당신 안에 거하고 붙어 있어야 한다고 강조하셨다.

"내 안에 거하라 나도 너희 안에 거하리라 가지가 포도나무에 붙어 있지 아니하면 스스로 열매를 맺을 수 없음 같이 너희도 내 안에 있지 아니하면 그러하리라."(요 15:4)

모든 생명이 주님을 통해 흐른다. 우리 안에도 그 생명이 흐르고 있다. 삼위일체 하나님과의 친밀함 속에서 우리는 생명을 전달하는 통로가 될 수 있다. 우리의 능력과 경험, 지혜만으로는 결코 되는 일이 없다. 언제나 될 듯 될 듯하다가 실패하는 인생을 살게 된다. 그러나 그분에게 붙어 있어 그분의 생명과 능력이 통과하는 매개자가 될 때, 언제나 승리의 삶을 살 수 있다. 우주를 창조하시는 그분이 일하시기 때문이다. 그래서 우리는 하나님을 가까이해야 한다. 우리가 가까이해야 할 것은 친구도, 책도, 물질도 아니다. 하나님이시다. 만군의 주가 가까이 오시면 모든 것은 해결된다. 우리가 추구했던 모든 것은 아침 안개와 같다는 사실을 깨닫게 된다. 우리가 하나님을 가까이하면 하나님 역시 우리에게 가까이 다가오신다.

"하나님을 가까이하라 그리하면 너희를 가까이하시리라."(약 4:8)

친밀함의 기도는 하나님께 가까이 나아가게 한다. 그분께 가까이 나아가 그분의 선하시고 사랑 많으신 속성을 찬양하고 선포할 때, 그분은 기뻐하며 우리에게 가까이 나아오신다. 그리고 친밀하게 대화를 나누신다. 거기서 우리는 샘솟는 기쁨을 느끼게 된다.

친밀함의 자리에서 하나님과 만나게 되면 점차 하나님 자체만 바라보게 된다. 간구하는 기도에 대한 해답을 주시는 분이 아닌, 해답의 근원이 되시는 분에게 초점을 맞추게 되는 것이다. 하나님께 붙어 있고 초점을 잃지 않는 삶을 살기 위해서는 믿음이 필요하다. 주님만이 구세주 되시며, 주님만이 참된 복의 근원이시고, 주님만이 우리가 소유해야 할 유일한 가치라는 사실을 믿어야 한다. 하나님이 주시는 것이 아니라 하나님 자체만을 바라보는 사람은 모든 시선을 주님께 둔다. 언제나 하나님을 갈망한다. 새벽부터 저녁까지 영혼의 전 존재가 하나님을 찾는다. 사슴이 시냇물을 찾아 헐떡이듯, 우리 영혼이 주님을 찾아 헐떡이는 것이다.

오늘 우리의 목표는 삼위일체 하나님과 친밀함을 경험하는 것이다. 그 자리에서 주님의 영광스러운 임재를 경험하는 것이다. 그 자리를 회피하며 세상에 숨어서는 안 된다. 아담을 부르신 하나님은 우리에게도 숨지 말고 친밀함의 자리에 나아오라고 초청하신다. 주 예수 그리스도도 말씀하신다. "어서 돌아오거라. 지금 바로 나에게 오렴. 나는 네 구주가 되고 싶단다. 나를 인정하고 받아들여라. 너와 깊이 사귀고 싶구나. 나는 너를 정말 사랑한단다. 너의 정체성은 '사랑받는 자'라는 사실을 잊지 말아라."

기도로 하나님께 나아갈 수 있다는 사실은 진실로 특권 중의 특권이다. 오늘도 언약의 하나님이 우리의 하나님이심을, 하나님께서 우리를 소유하시고 다스려 주심을 인정하자. 오늘도 주님의 길을 따르고 주님의 규례와 법도를 지키겠다고 다짐하자. 더 이상 세상에 숨지 말고 주님 앞에 나갈 것을 선포하자. 친밀함의 자리에서 주님의 임재를 경험하며 그 임재가 내 삶을 덮기를 소망하자. 그 자리에서 고백하며 기도하자.

"이곳에 오셔서 이곳에 앉으소서
이곳에서 드리는 예배를 받으소서
주님의 이름이 주님의 이름만이
오직 주의 이름만 이곳에 있습니다"

4. 예수님처럼 기도하라

예수님은 우리 믿음의 모본(模本)이 되신다. 사실 예수님 자체가 신학이다. 우리는 기도할 때 어떻게 기도하는가? '예수님의 이름'으로 기도한다. 이 땅 크리스천의 기도는 모두 '예수님의 이름'으로 마쳐진다. 예수님의 이름에 권세가 있다. 이미 예수님이 엄청난 값을 지불하셨기에 우리의 모든 기도는 그분의 이름으로 행해질 때 응답된다.

예수님 자체가 누구보다 열심히 기도하셨다. 그분은 이 땅에서 철저한 기도의 사람이었다. 예수님의 기도는 우리에게 가장 이상적인 기도의 방법이 무엇인지를 알려준다. 기도가 하나님과의 대화라는 측면에서 본다면 예수님은 매 순간 기도하셨다. 그분은 항상 하늘 아버지와 소통하셨기 때문이다. 일상이 기도라고 할 수 있다. 예수님은 특정한 기도 제목을 위해 시간을 정해 기도하셨다. 열두 제자를 세울 때도 밤새 기도하셨다.

> "이 때에 예수께서 기도하시러 산으로 가사 밤이 새도록 하나님께
> 기도하시고 밝으매 그 제자들을 부르사 그 중에서 열둘을 택하여 사
> 도라 칭하셨으니"(눅 6:12~13)

그분은 제자들을 세우는 것이 공생애 사역에서 아주 중요하다는 것을 아셨다. 그분 자체가 이 땅에 내려오신 하나님이시고 하늘 아버지와 늘 소통하기에 굳이 특정 시간을 정해 기도라는 행위를 하지 않으셔도 됐을 것이다. 그렇지만 그분은 '밤을 새워' 기도하셨다. 기도하실 때에 예수님은 자신의 감정을 드러내시면서 때론 열정적으로, 때론 비통한 마음으로, 때론 침묵으로 하나님께 간구하셨다.

> "그는 육체에 계실 때에 자기를 죽음에서 능히 구원하실 이에게 심
> 한 통곡과 눈물로 간구와 소원을 올렸고 그의 경건하심으로 말미암
> 아 들으심을 얻었느니라."(히 5:7)

나사로의 무덤 앞에서 예수님은 비통해하며 기도하셨다. 온 마음을 다해, 하나님께 간구하셨다. 우리의 기도가 너무나 습관적이며 형식적이라고 느낄 때는 예수님의 기도를 생각할 필요가 있다.

예수님은 인간은 본능적으로 기도하는 동물이라는 사실을 잘 알고 있었다. 그래서 그분은 제자들에게 기도하는 방법을 가르쳐주실

때 "너희가 기도할 때"라는 말로 시작하셨다. "만일 너희가 기도하면"이라고 하지 않으셨다. 제한된 존재인 인간은 언제나 절대자에게 기도할 것이라는 사실을 잘 알고 계셨기 때문이다.

예수님은 우리가 기도할 때 누구에게 기도하는지를 확고히 인식하는 것이 중요함을 강조하셨다. 제자들에게도 우리 기도의 대상이 누구인가를 먼저 기억하라고 말씀하셨다. 그분은 '확신을 갖고' 아버지께 간구했다. 사람들에게 하나님의 축복을 구하기 전에 먼저 하나님의 의지를 구하는 것이 중요하다고 가르쳤다. 예수님은 철저히 이타적이셨고 기도에서도 마찬가지였다.

사실 누구에게 기도하는지를 망각할 때마다 우리의 기도는 이기적이 되어 간다. 그것이 죄에 빠진 인간의 속성이다. 기도할 때, 하나님의 손만을 구한다면 하나님 자체가 내 목적의 도구가 된다. 기도란 이름으로 하나님을 속일 수도, 이용할 수도 있다.

그러나 우리 기도의 대상이 만군의 주 하나님이라는 사실을 인식하면 오직 하나님의 얼굴만을 구하며 그분의 뜻이 이 땅에 이루어지기를 기도하게 된다. 온 세상을 지니신 그분이 나의 소소한 기도 제목쯤이야 거뜬하게 이루어 주실 것임을 확신하기 때문이다. 그래서 예수님을 인생의 모본으로 삼는 사람들은 개인적 욕구가 아니라 이 세상에 진정으로 필요한 것, 즉 하나님의 뜻이 온전히 이루어지기를 위해서 기도한다. 우리와 세상을 변화시키는 것은 예수님처럼 기도할 때 가능하다.

예수님은 놀라운 중보자이시다. 이 땅에서도 우리를 위해 중보

기도하신 그분은 하늘로 올라가신 이후에도 영원히 우리를 위해 중보하신다. 승천하신 예수님은 이제 하늘 아버지의 오른쪽에 앉으셔서 우리를 변호하신다.

"만일 누가 죄를 범하여도 아버지 앞에서 우리에게 대언자가 있으니 곧 의로우신 예수 그리스도시라."(요일 2:1)

"그는 자기를 통하여 하나님께 나아오는 사람들을 완전하게 구원하실 수 있습니다. 그는 늘 살아 계셔서 그들을 위하여 중재의 간구를 하십니다."(히 7:25, 새번역)

예수 그리스도는 완전하신 분이다. 십자가에서 보혈의 피를 흘리심으로 예수님은 인간을 죄에서 구원하셨다. 그 보혈은 과거는 물론 현재와 미래에까지 영향을 미쳐 우리를 구원한다. 예수님은 인류의 죄를 대신 지셔서 죄인인 우리가 하나님 안에서 의인이 될 수 있게 해주신 것이다.

"하나님이 죄를 알지도 못하신 이를 우리를 대신하여 죄로 삼으신 것은 우리로 하여금 그 안에서 하나님의 의가 되게 하려 하심이라."(고후 5:21)

예수님은 완전하신 분이기에 그분의 기도도 완전하다. 예수님처럼 기도한다는 뜻은 하늘 아버지의 사랑 안에 온전히 잠겨 기도한다는 것을 뜻한다. 우리를 사랑하셔서 당신의 몸까지 주신 예수님은 우리가 서로 사랑하며 서로의 짐을 지기를 원하신다. 이 땅에서 우리는 작은 예수로 살아간다. 우리는 예수 그리스도와 함께 다시 살리심을 받았다. 우리 모두 예수님과 함께 십자가에서 못 박혔다.

"내가 그리스도와 함께 십자가에 못 박혔나니 그런즉 이제는 내가 사는 것이 아니요 오직 내 안에 그리스도께서 사시는 것이라. 이제 내가 육체 가운데 사는 것은 나를 사랑하사 나를 위하여 자기 자신을 버리신 하나님의 아들을 믿는 믿음 안에서 사는 것이라."(갈 2:20)

'내 안에 그리스도께서 사시는 것'이란 말은 참으로 놀랍다. 주님이 내 안에 사시는 것이다! 내 마음이 그리스도가 거하시는 처소(dwelling place)가 된 것이다. 하나님 우편에 앉아 계셔서 이 땅을 위해 중보하시는 예수님과 함께 지금 나도 중보의 기도를 드려야 한다. 그것이 우리의 책임이며, 정체성이다.

예수님의 기도와 관련해서 빼놓을 수 없는 것은 '주의 기도'이다. "기도를 가르쳐 달라"는 제자들에게 예수님은 "너희는 이렇게 기도하라"며 주의 기도를 알려주셨다. 이 주의 기도는 예수님이 제자들에게 가르쳐 주신 유일한 기도이다. 수많은 신학자는 주의 기도야말로 기독교 역사상 가장 중요한 기도라고 평한다. 사실 믿음의 세계에서 이 기도만큼 중요한 것이 없다. 주의 기도는 2000년 전 제자들뿐만 아니라 이 시대의 우리가 따라야 할 구체적인 기도의 모범이다.

오늘도 이 땅의 모든 교회에서 예배 때마다 주의 기도를 드리고 있다. 그래서 이 기도의 문구는 아주 익숙하다. 그러나 익숙한 이 기도를 삶에서 경험하며 살아가는 것은 쉽지 않다.

하늘에 계신 우리 아버지여 이름이 거룩히 여김을 받으시오며
나라가 임하시오며 뜻이 하늘에서 이루어진 것 같이 땅에서도
이루어지이다.
오늘 우리에게 일용할 양식을 주시옵고
우리가 우리에게 죄 지은 자를 사하여 준 것 같이 우리 죄를
사하여 주시옵고
우리를 시험에 들게 하지 마시옵고 다만 악에서 구하시옵소서.
나라와 권세와 영광이 아버지께 영원히 있사옵나이다.
아멘 (마 6:9-13)

주의 기도를 말씀하시기 전에 예수님은 제자들에게 외식하는 자와 같이 사람에게 보이려고 기도하지 말고, 오히려 골방에 들어가 은밀한 중에 계신 하나님 아버지께 기도하라고 하셨다. 또한 "중언부언하며 장황하게 기도하지 말라"면서 "하나님은 우리의 필요를 미리 아시는 분"이라고 언급했다. 사실 사람들은 골방보다 광장을 선

호한다. 특히 SNS를 통해서 자기의 일거수일투족까지 사람들에게 보여주는 요즘의 시대에서 예수님의 이 말씀은 더욱 지키기 어렵다. 주의 기도는 철저하게 하나님 중심의 사고를 강조한다. '하늘에 계신 우리 아버지'를 믿는 믿음이 필요하다. 광장에서 장황하게 기도함으로써 의를 과시하려는 우리의 뜻과 욕망을 내려놓고, 오직 하늘의 뜻이 이 땅에서 이루어지기를 간구하는 것은 하나님을 향한 믿음이 없이는 이루어지기 어렵다. 우리 삶에 필요한 모든 것(일용할 양식, 용서받음, 악으로부터 보호)이 하나님 은혜의 선물임을 받아들이기 위해서는 하나님에 대한 순전한 신뢰가 필요하다. 이 불신의 시대에서 우리는 자신의 필요와 소원을 이루기 위해 온갖 에너지를 사용하기 쉽다. 그러기에 다음과 같은 고백을 하기 어렵다.

"나의 하나님이 그리스도 예수 안에서 영광 가운데 그 풍성한 대로 너희 모든 쓸 것을 채우시리라."(빌 4:19)

주의 기도는 하나님 나라의 도래를 위해서는 이 세상의 염려를 버리고 먼저 그의 나라와 의를 구하는 자세가 필요함을 알려주고 있다. 결국은 하늘에 계신 아버지에 대한 온전한 신뢰를 지닌 사람들만이 모든 것을 우리에게 더하시는 하나님의 마음과 하나님 나라의 비밀을 경험할 수 있는 것이다.

5. 믿음의 사람들처럼 기도하라

아브라함처럼

아브라함은 '믿음의 조상'으로 불린다. 모든 믿음의 시초에는 아브라함이 있었다는 이야기다. 아브라함은 하나님이 그야말로 불시에 찾아와 "고향과 친척, 아버지 집을 떠나라"는 어떻게 보면 황당한 명령을 내리셨을 때, 아무런 저항도 하지 않고 떠났다. 상황을 보지 않고 말씀하시는 분 자체에 대한 깊은 신뢰가 없다면 도저히 이뤄질 수 없는 행동이었다.

믿음의 대상에 대한 확고한 '믿음'이 있었던 아브라함은 당연히 열정적인 기도의 사람이었다. 사실 아브라함은 믿음의 조상과 더불어 '기도의 조상'이기도 하다. 기도는 하나님과의 대화이기에 아브라함은 끊임없이 하나님과 기도를 통한 소통을 했을 것이다. 고향과 친척, 아버지 집이라는 '익숙한 곳'을 떠난 아브라함과 그 가족이 미지의 여정을 하면서 겪게 될 어려움은 가히 상상하기 어려울 정도였을 것이다. 그 지극히 어려운 과정을 수많은 기도와 응답을 통해서 극복했음이 분명하다.

칼 바르트는 '교회 교의학'에서 기도에 대해 이렇게 말했다. "기도는 하나님을 향한 구하기(an asking)이고, 찾기(a seeking)이며, 두드리기(a knocking)이다. 다시 말해, 기도는 하나님께 소원하기(a wishing)이고, 바라기(a desiring)이며 요구하기(a requesting)이다. 진정으로 기도하는 사람이 하나님 앞에 나와 그분께 아뢰는 까닭은 하나님에게서 뭔가를 찾기 때문이고, 뭔가를 바라고 기대하기 때문이며, 자신이 필요한 뭔가를 받기를 소망하기 때문이고, 그것을 다른 누군가에게서 받는 게 아니라 오직 하나님에게서 받기를 원하기 때문이다."

아브라함은 믿음의 여정에서 하나님을 향해 구하고, 찾고, 두드렸을 것이다. 집을 떠나 광야를 떠돌 때 보이는 것은 하늘과 바람과 별, 그리고 하나님뿐이다. 하나님만 붙잡았던 아브라함은 거부가 된다. 아브라함은 자신과 조카 롯의 목자들이 물과 목초지를 차지하기 위해 다투는 모습을 보고 "네가 좌하면 나는 우하고, 네가 우하면 나는 좌하리라"며 '거룩한 양보'를 한다. 그 결과, 롯은 소돔으로 진출한다.

소돔은 고모라와 함께 죄악이 심히 무겁고 부정의로 인한 부르짖음이 하늘까지 미쳤던 문제의 도시였다. 그래서 하나님은 소돔과 고

모라를 멸하시려는데, 여기서 아브라함의 위대한 기도가 나온다.

"여호와께서 또 이르시되 소돔과 고모라에 대한 부르짖음이 크고 그
죄악이 심히 무거우니 내가 이제 내려가서 그 모든 행한 것이 과연
내게 들린 부르짖음과 같은지 그렇지 않은지 내가 보고 알려 하노
라."(창 18:20~21)

하나님의 이 말씀은 소돔과 고모라의 죄악이 하늘에 미친 '부르짖
음'과 같다면 그 땅을 멸하시겠다는 의미였다. 그 말을 들은 아브라
함은 하나님 앞에 나아가 간구한다. 지존하신 하나님 앞에 직접 나
아가는 것은 죽기를 각오하지 않고서는 이뤄질 수 없다. 아브라함은
담대하게, 마치 하나님을 질책하듯이 묻는다. "주께서 의인을 악인
과 함께 멸하려 하시나이까."(창 18:23) 이것은 하나님 입장에서는
아주 도전적인 발언이었다. 하나님이 속으로 '어, 아브라함, 얘가 나
에게 대드네'라고 생각하셨을지도 모른다. 아브라함은 하나님이 소
돔과 고모라를 멸하시더라도 의인과 죄인은 구분하셔야 한다는 논
리를 펼쳤다. 그러면서 그는 하나님과 협상을 시도한다. "소돔에 의
인 50명이 있어도 그 성을 멸하시겠느냐"고 묻는다. 담대한 흥정을
시도한 것이다. 그러자 하나님이 뜻밖에도 그 협상을 수락하신다.

"여호와께서 이르시되 내가 만일 소돔 성읍 가운데에서 의인 오십
명을 찾으면 그들을 위하여 온 지역을 용서하리라."(창 18:26)

이 말씀을 들은 아브라함은 거기서 그치지 않고 계속 협상을 한다. 막상 말했지만, 소돔에 50명의 의인이 있을 것으로 생각하지 못했을 것이다. 마치 그는 '거래의 달인'처럼 행동한다. 거래는 성공적이었다. 의인 50명에서 45명으로, 40명, 30명, 20명으로 줄어들더니 마지막에는 10명까지 내려갔다.

이것은 하나님과 아브라함 사이의 기묘한 거래였지만 소돔이라는 도시 입장에서는 생사가 걸린 절체절명의 협상이었다. 도시의 운명을 놓고 아브라함은 하나님 앞에 서서 '간구의 기도'를 드린 것이다.

나는 아브라함과 하나님이 대화를 보면서 '참으로 우리 하나님은 유연하신 분이시구나'라는 생각을 했다. 창조주이신 그분은 한낱 인간인 아브라함의 말 정도에 좌우될 분은 아니시지만, 자신에게 다가와 담대하게 중보하는 심령들을 결코 무시하지 않는 좋으신 분이다.

물론 우리가 익히 알다시피 소돔을 지키려던 아브라함의 간절한 소망은 이뤄지지 않았다. 그 땅에는 의인 10명이 없었다. 사실 죄악이 만연된 곳에서는 한 명의 의인을 찾기도 쉽지 않다. 그럼에도 하나님은 아브라함의 기도를 끝까지 무시하지 않고 들으셨다. 유황불 세례 속에서도 구원받은 사람들이 있었다. 그 땅에서 아브라함 가족을 구원해주셔서 세대에서 세대에 이르기까지 자손들을 이어가게 하셨고 결국 번성하게 해 주셨다.

나는 창세기 18장의 이 장면에서 영화 '쉰들러 리스트'를 생각했다. 쉰들러 역을 맡은 배우 리엄 니슨은 유대인을 멸절시키려는 나치에게 자신의 가진 것들을 던지며 "한 명만 더, 한 명만 더"라고 간절한 구원 작업을 시도한다. 그의 간절한 노력은 일정 부분 성공했다. 물론 대세를 막지는 못했다. 600만에 달하는 유대인들이 가스실에서 사라졌지만 '쉰들러의 리스트'에 든 사람들은 구원을 받았다.

하나님은 아브라함의 기도를 들으셨다. 소돔이 멸망 당하게 된 것은 아브라함의 기도가 작동되지 않아서가 아니라 의인이 없었던 절망적 현실 때문이었다. 중요한 것은 하나님이 아브라함의 기도를 들으셨다는 사실이다. 하나님은 아브라함의 기도를 들으시고 그 간구대로 응답해주셨다. 칼 바르트는 '교회 교의학'에서 기도를 들으시는 하나님에 대해 이렇게 말했다.

"하나님은 귀가 먹지 않으셨고 들으신다. 들으실 뿐 아니라 행동하신다. 하나님은 우리가 기도하든 말든 똑같이 행동하지는 않으신다. 기도는 하나님의 행동에 영향을 미치고, 그분의 존재에까지 영향을 미친다. 그러나 한 가지는 의심할 여지가 없다. 하나님이 주시는 응답이다. 우리의 기도는 약하고 보잘 것 없다. 그러나 중요한 것은 우리의 기도가 힘이 있어야 한다는 게 아니라 하나님이 우리의 기도를 들으신다는 사실이다. 그래서 우리는 기도한다."

우리는 할 일 많은 이 땅에 보냄을 받은 자들이다. 우리는 모두 자신이 거주하고 있는 도시를 위해 기도해야 한다. 황무하고 죄악이 많은 도시에 주 예수 그리스도의 빛이 임하게 해달라고 기도해야 한다. 때론 내가 거하는 마을이, 도시가, 조국이 소돔과 고모라처럼 멸망 직전에 있을 수 있다. 그때, 우리는 아브라함처럼 담대히 하나님 앞에 나아가 "제발 살려주세요"라고 간구해야 한다. 그 기도를 하나님은 절대로 무시하지 않으신다. 우리가 절망적 상황 속에서도 희망을 잃지 않을 수 있는 것은 하나님이 우리 기도를 들으시기 때문이다. '기도를 들으시는 하나님' 자체가 우리의 소망이다. 어떤 경우에도 우리는 기도할 수 있다.

소돔 땅을 뒤로하고 하나님 앞에 선 아브라함을 생각해보라. 우리도 아브라함처럼 우리의 땅을 부둥켜안고 하나님 보좌 앞에 담대히 나아가 기도드려야 한다. "이 땅 고쳐주소서"라고.

모세처럼

모세는 인류 역사에서 창조주 하나님과 '친구'처럼 지냈던 유일한 인물이다. 아리스토텔레스가 "친구란 두 개의 몸에 깃든 한 영혼"이라고 말한 것처럼 모세는 성경 속 어떤 인물보다 하나님의 성품과 속성을 잘 알았으며 하나님의 마음을 깊이 헤아렸다. 그런 모세를 하나님은 친구처럼 여기셨다.

"사람이 그 친구와 이야기함같이 여호와께서는 모세와 대면하여 말씀하시며 모세는 진으로 돌아오나 그 수종자 눈의 아들 청년 여호수아는 회막을 떠나지 아니하니라."(출 33:11, 개역한글)

모세는 하나님의 형상을 보고도 죽지 않았다. 인간에게는 있을 수 없는 일이었다. 하나님은 모세를 바위틈에 숨기시고 그 앞을 지나가셨다. 그럼으로써 모세가 당신의 뒷모습을 보게 하셨다. 모세는 하나님의 모습을 육안으로 볼 수 있는 특권을 가졌던 것이다. 이를 통해 하나님이 얼마나 모세를 사랑하시며 친밀하게 동행하셨는지 알 수 있다. 하나님과 친구처럼 지낸 모세의 얼굴은 늘 빛이 났다. 그것이 그를 다른 사람들과 구별되게 했다. 그의 구별됨과 리더십은 철저히 하나님과의 관계에 있었다.

나는 성경을 읽다가 모세가 얼마나 부러웠는지 모른다. 모세나 나나 똑같은 인간인데 어떻게 모세는 하나님의 친구가 될 정도로 그분과 친밀했는지, 또한 하나님은 모세의 기도와 간구를 어쩌면 그렇게 잘 들어주셨는지 궁금했고 샘이 날 정도로 부러웠다. 결코 쉽지 않은 결심이지만 이왕 믿음의 삶을 사는 이상 모세처럼 되고 싶었다. 모세처럼 하나님과 친구처럼 지내고 싶었다.

모세는 철저하게 갈라진 틈 사이에 서 있었던 사람이었다. 그는 언제나 중간에 서서 문제의 해결자가 되었다. 홍해 가운데 서 있는 모세를 상상해 본다. 거세게 몰아치는 바닷물 사이에서 그는 이스라엘 백성들의 길을 열었다. 그뿐 아니라 그는 애굽과 이스라엘의 가운데에 서서 담대하게 자기 민족의 해방을 선포했다. 무엇보다 그는 하나님과 이스라엘 백성들 사이에 섰다. 그러면서 하나님께 끊임없이 동족 이스라엘을 용서해 달라고 간구했다. 그들에게 새롭고 살길을 열어 주기 위해 담대히 하나님 앞에 나갔다. 출애굽기와 민수기를 읽으며 이스라엘 백성들을 사랑하는 모세의 모습에 놀란 적이 많다.

그는 친구 되신 하나님의 모든 것을 알고 있었다. 그분의 성품과 기질, 선호하는 것과 미워하는 것을 다 알았다. 모세는 동족 이스라엘을 위해 이 모든 정보를 이용하며 하나님께 간구의 기도를 드렸다. 하나님과 이스라엘 백성 간의 관계가 갈라지고 도저히 회복 불가능이 되었을 때도 모세는 그 틈 사이에 서서 중보 했다. 그는 참으로 위대한 민족의 중보자였다.

광야 길에서 이스라엘 백성들은 끊임없이 모세에게 불평하고 반항했다. 리더십을 인정하지 않고 애굽으로 다시 돌아가려고까지 했다. 오랜 시간 자신들을 옭아매었던 '애굽의 시스템'이 당기는 중력의 힘이 무서웠다. 그들은 금송아지를 만들며 하나님과 모세에게 반항했다. 지속적으로 모세에게 상처를 주며 리더십을 인정하지 않았다. 웬만한 사람 같으면 도저히 견디기 힘들, 견딜 필요도 없는 상처였다. 그는 그때마다 친구이신 하나님께 자신의 괴로움을 토로했다.

"모세가 여호와께 부르짖어 이르되 내가 이 백성에게 어떻게 하리이까 그들이 조금 있으면 내게 돌을 던지겠나이다."(출 17:4)

이런 위기 가운데 모세는 하나님께 기도했고 하나님은 그 기도에 응답하셔서 놀라운 기적과 일들을 일어나게 해주셨다. 홍해가 갈리

고, 반석에서 물이 솟아났다. 만나와 메추라기를 먹을 수 있었다. 그
것은 정말 믿을 수 없는 이야기들이었다. 그럼에도 '목이 뻣뻣한' 이
스라엘 백성들은 지속적으로 하나님께 반항한다. 하나님은 참다 참
다 그런 어리석은 이스라엘 사람들을 쓸어버리고 모세와 함께 새 나
라를 가꿔나가겠다는 뜻을 밝힌다.

> "여호와께서 모세에게 이르시되 이 백성이 어느 때까지 나를 멸시
> 하겠느냐 내가 그들 중에 많은 이적을 행하였으나 어느 때까지 나를
> 믿지 않겠느냐."(민 14:11)

그러면서 이렇게 덧붙이셨다.

> "내가 전염병으로 그들을 쳐서 멸하고 네게 그들보다 크고 강한 나
> 라를 이루게 하리라."(민 14:12)

진노하신 하나님은 이스라엘 민족을 버리고 모세와 함께 새로운
꿈을 꾸겠다고 말씀하셨다. 모세는 선택받았다. 이스라엘 백성에게
는 가혹했지만 모세에게는 너무나 영광스러운 선택이었다. 그러나
그는 그 선택을 받아들이지 않는다. 동족 이스라엘을 너무나도 사랑
했기 때문이었다. 대신 모세는 끈질기게 이스라엘 백성의 죄악을 용
서해달라고 하나님께 간구한다.

민수기 14장 13~19절에서 모세는 하나님과 담판을 벌인다. 이것

이 수천 년을 지나 지금 시대까지 이어오는 '모세의 기도'다. 모세가 간구한 기도의 결론은 단순하다. 이스라엘 백성의 죄악을 용서해 달라는 것이다. 그런데 이 간구를 하기까지 모세가 하나님께 아뢴 내용이 흥미롭다.

> "이제 주께서 이 백성을 하나 같이 죽이시면 주의 명성을 들은 여러 나라가 말하여 이르기를 여호와가 이 백성에게 주기로 맹세한 땅에 인도할 능력이 없었으므로 광야에서 죽였다 하리이다."(민 14:15~16)

모세는 이스라엘 백성을 애굽으로부터 구원해주신 하나님께서 만일 그들을 멸하신다면, 세상 사람들이 어떻게 생각하겠느냐고 지적했다. 여호와 하나님은 능력이 부족한 분으로 오해할 수 있다는 것이다. '세상의 평판'을 지렛대 삼아 '하나님의 자존심'을 건드린 것이다.

이런 식이다. "하나님, 생각해보세요. 세상 사람들은 하나님이 선하시며 자비로우신 분으로 알고 있습니다. 약속하신 대로 끝까지 이스라엘 백성을 가나안 땅으로 인도하시는지를 눈을 부릅뜨며 지켜보고 있어요. 그런데 여기서 이스라엘 백성을 멸하시면 그들이 어떻게 생각하겠습니까? 그들이 사랑과 공의가 넘치는 여호와 하나님을 이해나 하겠어요? 그렇지 않다고요. 그냥 그들은 하나님이 능력이 없어 자기 백성을 광야에서 죽도록 방치했다고 생각할 것입니다. 이건 정말 아니잖아요 ….”

모세는 과거에 하나님이 자신에 대해 말씀하셨던 것을 상기시켜
드리면서 간구한다. 그러면서 그는 본론을 이야기한다.

"이제 구하옵나니 이미 말씀하신 대로 주의 큰 권능을 나타내옵소서
… 구하옵나니 주의 인자의 광대하심을 따라 이 백성의 죄악을 사하
시되 애굽에서부터 지금까지 이 백성을 사하신 것 같이 사하시옵소
서.”(민 14:17~19)

자신에게 한 “이스라엘 백성 대신 모세, 너와 함께 새 나라를 건설
하리라”는 하나님의 제안을 완곡하지만 분명히 거절하면서 끝까지
이스라엘 백성을 위한 중보자로 선다. 그는 참으로 갈라진 틈 사이
에 선 자였다. 거기에 서기 위해서는 담대한 믿음과 용기가 있어야
한다.

이번에도 하나님은 모세의 기도를 들어주신다. 이제 별로 놀랍지
도 않다. 하나님은 모세의 간구를 들어주기 위해 만반의 준비가 되
어 있는 분 같다. 생각하기에 따라서는 기분 나쁠 수도 있는 모세의
논리 전개를 꾸짖지 않고 들으셨다. 물론 조건이 따랐지만 결국 모
세의 간구대로 이스라엘 백성들을 진멸하지 않으셨다.

나는 진실로 하나님과 이같이 깊은 신뢰를 지닌 모세가 너무나 부
럽다. 자기 민족을 향한 모세의 열정이 부럽다. 자신의 이익을 절대
구하지 않고, 더 큰 대의를 위해 헌신하는 모세의 희생정신이 부럽

다. 갈라진 틈 사이에 서서 무너진 데를 보수하기 위해 온 몸을 던진 모세의 진정성이 부럽다.

> "네게서 날 자들이 오래 황폐된 곳들을 다시 세울 것이며 너는 역대의 파괴된 기초를 쌓으리니 너를 일컬어 무너진 데를 보수하는 자라 할 것이며 길을 수축하여 거할 곳이 되게 하는 자라 하리라."(사 58:12)

생각해보니 지금 우리에게는 모세와 같이 갈라진 틈 사이에 선 자들, 거기서 진정성을 갖고 하나님의 마음을 움직이는 기도를 드리는 진실한 중보자들이 필요하다. 모세처럼 담대하게 하나님과 이 황폐한 세상 사이에 서서 기도하자. 그러기 위해 먼저 하나님을 알고, 그분을 사랑하며, 그분과 친구가 되자. 그러면 모세의 시대와 같이 우리 기도를 하나님이 언제나 들으실 것이다.

한나처럼

성경에 나오는 기도의 인물을 생각할 때, 결코 빠질 수 없는 한 사람이 바로 한나다. '한나의 기도'는 한 개인이 극심한 고통 가운데 부르짖는 기도가 본인의 생각보다 훨씬 더 큰 시대의 축복이 될 수 있다는 사실을 보여준다.

기도수업

우리가 잘 알다시피 사무엘상 초반부에 나오는 한나라는 여인은 위대한 선지자 사무엘의 어머니다. 사무엘은 하나님의 선택을 받은 영향력 있는 선지자였다. 이스라엘은 사무엘을 통해 정치적·영적·도덕적으로 혼탁했던 사사 시대의 혼란기를 극복하고 왕정 시대로 넘어갈 수 있었다. 사무엘의 탄생을 통해 이스라엘은 축복을 받은 것이다. 사무엘은 슬픔 가득한 한 여인의 애절한 기도를 통해 탄생한 인물이다. 사무엘은 '구했다'라는 뜻을 가지고 있다.

한나는 불임 여성이었다. 당시 시대에서 여성의 불임은 가정과 사회에서 매장당할 수 있는 치명적 약점이었다. 경건한 레위인이었던 남편 엘가나는 할 수 없이 브닌나라는 둘째 부인을 들여 자녀를 얻었다. 여기서부터 한나의 고통은 배가된다. '자식이 무기'라고 브닌나는 애를 낳지 못하는 한나를 괴롭히고 업신여기며 그녀를 격분시킨다. 브닌나는 한나의 철천지원수와 같았다. 브닌나가 도발할 때마다 한나는 울며 음식도 먹지 않을 정도로 극심한 괴로움에 시달려야 했다. 자식 없는 죄인이었기에 한나는 브닌나의 도발에도 아무런 대응을 할 수 없었다. 그녀의 마음이 얼마나 문드러졌겠는가. 아마도 우울증으로 자살하기 직전까지 갔을 수도 있다.

한나는 극심한 고통을 벗어나기 위해 자살 대신 기도를 선택했다. 이것이 한나에게 임한 하나님의 섭리적 축복이었다. 그녀는 하나님께 통곡하며 기도했다. 핏발 선 눈으로 서러운 기도를 드렸다. 만일 내가 한나의 통곡하며 울부짖는 기도를 현장에서 보았다면 오싹한 느낌을 가졌을 것이다.

"한나가 마음이 괴로워서 여호와께 기도하고 통곡하며 서원하여 이르되 만군의 여호와여 만일 주의 여종의 고통을 돌보시고 나를 기억하사 주의 여종을 잊지 아니하시고 주의 여종에게 아들을 주시면 내가 그의 평생에 그를 여호와께 드리고 삭도를 그의 머리에 대지 아니하겠나이다."(삼상 1:10~11)

한나의 창자가 끊어지는 듯한 통곡의 기도를 바라보았던 엘리 제사장은 그녀가 대낮에 독주에 취한 것으로 오해했다. 그러면서 포도주를 끊으라고 하니 한나가 대답한다.

"한나가 대답하여 이르되 내 주여 그렇지 아니하니이다. 나는 마음이 슬픈 여자라 포도주나 독주를 마신 것이 아니요 여호와 앞에 내 심정을 통한 것뿐이오니"(삼상 1:15)

이 구절은 새번역으로 읽을 때, 의미가 제대로 전달되는 것 같다. "한나가 대답하였다. '제사장님, 저는 술에 취한 것이 아닙니다. 포도주나 독한 술을 마신 것이 아닙니다. 다만 슬픈 마음을 가눌 길이 없어서, 저의 마음을 주님 앞에 쏟아 놓았을 뿐입니다.'"

여기서 내가 주목한 단어는 '쏟아 놓다'이다. 한나는 자신의 비통한 마음을 하나님 앞에 쏟아 놓았다. 남김없이, 가감 없이 마음속에 있는 것을 100% 하나님께 토로한 것이다. 그녀는 엘리에게 이렇게 덧붙인다.

"이 종을 나쁜 여자로 여기지 마시기 바랍니다. 너무나도 원통하고
괴로워서, 이처럼 기도를 드리고 있습니다."(삼상 1:16, 새번역)

그녀는 고통을 기도로 치환했다. 고통으로 인해 죽고 싶을 정도
였지만 자살하지 않았다. 대신 그 고통과 원통한 마음을 하나님께
쏟아부으면서 기도드렸다. 그녀의 말을 들은 엘리는 제사장답게 예
언적 이야기를 한다.

"그렇다면 평안한 마음으로 돌아가시오. 이스라엘의 하나님이, 그
대가 간구한 것을 이루어 주실 것이오."(삼상 1:17, 새번역)

엘리의 말대로 한나는 기적과 같이 임신해 아들을 얻었다. 그녀
는 아들의 이름을 사무엘로 짓고 이유를 밝혔다. "이는 내가 여호와
께 그를 구하였다 함이더라."(삼상 1:20) 그리고 그녀는 서원대로 사
무엘을 엘리에게 데리고 가 주님께 바쳤다. 이렇게 사무엘은 한나의
간절한 기도를 통해서 세상에 나올 수 있었다.

사실 한나가 불임이 된 것, 브닌나라는 인생의 적수를 만난 것, 간
절히 기도한 끝에 사무엘을 낳은 것, 그리고 서원한대로 사무엘을
하나님의 사람으로 바친 것 등 모든 것이 하나님이 섭리 안에서 진
행된 것이다. 하나님이 모든 사람, 심지어 브닌나까지도 자신의 목

적, 즉 이스라엘의 구원과 축복을 이루기 위해 사용하셨다.

한나는 개인적 고통의 문제를 놓고 하나님과 씨름했고 간절히 기도했다. 그저 열심히 기도한 것이 아니었다. 죽으면 죽으리라는 심정으로 장시간 동안 응답이 올 때까지 모든 것을 쏟아부으며 기도했다. 그 쏟아부음이 하나님의 마음을 감동시켰을 것이다. 하나님은 한나의 그 쏟아부음을 '기억'하셨다.

> "엘가나가 아내 한나와 동침하니, 주님께서 한나를 기억하여 주셨다."(삼상 1:19, 새번역)

사실 하나님이 기억하시면 모든 문제는 해결된다. 그분은 모든 것의 공급자이시며 해결자이시기 때문이다. 한나의 이야기를 통해서 모든 고통에는 뜻이 있으며 고통의 이유를 알 수 없을 때라도 하나님 앞에 나와 마음을 쏟으며 기도해야 한다는 사실을 깨닫는다. 한 여인의 비통하고 간절한 기도를 통해 이스라엘 민족이 축복을 받는 계기가 만들어진 것처럼, 우리 인생에서도 고통의 순간에 기도함으로써 알 수 없는 '고통 너머'에 엄연히 존재하는 하나님의 섭리를 이해할 수 있게 된다. 그러면 하나님의 섭리적 역사하심을 통해 개인적 고통을 넘어 하나님의 큰 뜻이 이 땅에 임할 것이다. 이것을 믿어야 하며 이를 위해 기도해야 한다. 물론 쉽지 않다. 그러나 적어도 우리가 훈련된 믿음의 사람, 기도의 사람이라면 고통의 순간, 기도의 자리에 엎드릴 것이다. 거기서부터 역사는 시작된다.

기도수업

사무엘상 2장 1~10절에는 '한나의 노래'가 나온다. 신약의 '마리아의 찬가'에 비견되는 놀라운 반전과 환희의 송가다. 여기서 한나는 도저히 불가능한 상황 속에서 생명을 주시는 하나님을 찬양한다. 한나는 개인적 기쁨만을 토로한 것이 아니라 이스라엘 민족이 소망의 미래를 갖게 됨을 노래했다. 모든 것이 끝난 것 같은 절망감 속에서 생을 끊는 것만이 고통에서 해방되는 유일한 길이라고 생각했을 한 가련한 여인이 이제는 개인적 고통을 넘어 민족을 품고 기도하며 노래하게 된 것이다. 이것이 바로 기도의 힘이다. 쏟아붓는 기도의 힘! 우리가 마음을 쏟아부을 때, 하나님이 우리를 기억하신다. 그 지점이 바로 고통과 소망의 변곡점이다. 거기에서 재 대신 화관을, 슬픔 대신 위로와 소망을 얻는다. 거기서 우리는 하나님의 섭리를 깨닫고 그분의 높고 위대하심을 소리 높여 찬양하다.

지금 도처에서 고통을 호소하는 사람들을 만난다. 그들에게 고통과 비운의 여인, 그러나 끝내 가장 행복한 사람이 된 한나의 이야기를 해주고 싶다. 나 역시 극심한 고통을 통과한, 또 통과하고 있는 사람이다. 감히 말하지만 내 고통이 한나의 고통보다 더 작다고 느껴지지 않는다. 적어도 내게는 말이다. 그럼에도 나 역시 한나처럼 기도의 자리에 앉았다. 그리고 엉엉 울면서 하나님께 내 마음을 쏟아부었다. 정말로 쏟아부었다. 내 마음을 하나님이 아신다. 돌이켜 보면 거기서부터가 시작이었다. 지금 나는 새로운 차원으로 하나님이 주신 생명을 노래하며, 이웃을 사랑하고 섬기는 삶을 살고 있다.

여러분도 그렇게 할 수 있다. 부디 고통에 함몰되지 말고 고통을 기도로 치환하라! 너무나 어렵겠지만 함께 해나가자.

다윗처럼

성경에서 다윗처럼 하나님의 마음에 들었던 인물은 그리 많지 않은 것 같다. 인간적으로 그는 완전함과는 거리가 멀었다. 그는 불행한 아버지였고 부정한 남편이었다. 탁월한 전투능력을 지녔지만 평생 교육을 받아보지 못했기에 지식인은 분명 아니었을 것이다. 그는 영적이라기보다는 너무나 인간적인 면모를 지닌 인물이었다. 싸우고, 분노하고, 춤추고, 사랑하고, 죄를 지었다. 그럼에도 그는 하나님의 마음을 얻었다. 구약 성경 곳곳마다 하나님이 "내 종 다윗을 보아"라는 말을 하신다. 다윗을 생각해 이스라엘 민족들에게 화를 내리지 않겠다는 이야기를 하신다. 복음서 기자들은 예수님을 '다윗의 자손'이라 칭했다. 그만큼 그는 하나님의 사랑을 받았다. 다윗의 비밀무기는 인간적인 강점이 아니라 오직 하나님과의 친밀한 관계였다. 우리는 어떻게 다윗이 하나님과 그렇게 깊은 관계를 맺었는지를 배워야 한다. 거기에 신앙 승리의 비결이 있다.

로버트 레드포드가 감독한 '흐르는 강물처럼'(A River Runs Through It)이라는 영화를 보았는지 모르겠다. 미국 몬태나 주의 아름다운 자연을 배경으로 플라이낚시를 하는 장면이 너무도 아름답게 묘사된 영화다. 전혀 다른 성향을 지닌 두 형제를 통해 가족 간의 사랑을 서정적으로 그려내고 있다. 둘째 아들로 분한 브래드 피트는 반듯한 형과는 달리 자유분방하고 도박도 즐기는 반항아적인 모습으로 나온다. 형과 달리 너무나 인간적이다. 마치 다윗처럼 싸우고, 분노하고, 춤추고, 사랑하고, 죄를 짓다 결국 살해당한다. 그가 죽었을 때, 목회자인 아버지는 형에게 말한다. "둘째는 정말 사랑스러웠단다." 반듯하게 자라난 큰아들에 대한 자부심과 애정이 있었지만, 아버지의 마음은 작은아들에게 가 있었다. 그는 사랑스러웠다.

하나님에게 다윗은 사랑스러운 존재였다. 이렇게 상상해 본다. 하나님 주변의 사람들이 다윗에 대해 말할 것이다. "저 다윗 좀 보세요. 허점투성입니다. 싸움질만 잘해요. 남의 아내를 훔치고 그 남편을 죽인 더럽고 비열한 놈이에요. 결국 아들에게 쫓기잖아요. 아들도 비참히 죽고요. 저런 놈일랑은 잊어버리세요." 나는 그때 하나님이 하실 말씀을 안다. "그래. 그래도 다윗은 참 사랑스러운 녀석이란다."

영화 '흐르는 강물처럼'에서 작은아들이 지닌 가장 강력한 무기는 열정이었다. 그 진정성 넘치는 열정이 사람들로 하여금 그를 사랑하게 만들었다. 다윗의 이야기는 열정이 넘친다. 그는 자기 앞에 어떤 것이 있든 거기에 자신을 던졌다. 설렁설렁하는 것이 없었다. 그는 몰입형 인간이었다. 모든 면에서 그는 정열적이었지만 기도보다 더 열정적이었던 것은 없었다. 그가 하나님과 깊은 관계를 맺을 수 있었던 것은 한순간도 쉬지 않고 하나님과 대화하는 기도의 사람이었기 때문이다. 그는 진정 기도에 흠뻑 젖어있었고 그것이 그의 삶을 이끌었다. 심지어 죄를 지었을 때도 그는 하나님과의 관계의 끈, 즉 기도를 놓지 않았다. 왕궁에서뿐만 아니라 광야에서도 오직 하나님만이 피난처라는 사실을 인식하며 기도했다. 시편 57편에서 다윗은 하나님을 찬양하며 기도한다. 사울에 쫓기는 도망자 신세가 된 다윗은 환경을 초월한 하나님에 대한 열정을 노래하고 있다.

"하나님이여 내 마음이 확정되었고 내 마음이 확정되었사오니 내가 노래하고 내가 찬송하리이다. 내 영광아 깰지어다 비파야, 수금아, 깰지어다 내가 새벽을 깨우리로다. 주여 내가 만민 중에서 주께 감사하오며 뭇 나라 중에서 주를 찬송하리이다."(시 57:7~9)

광야에서 다윗은 한결같은 사랑으로 다가오시는 하나님의 임재를 느끼며 그분과 깊은 교제를 나눴다. 그럼으로써 광야를 우리의 삶 속에서 일하시는 하나님의 신실하심과 능력을 발견하는 곳으로 만들었다.

다윗은 하나님을 아는 것에서 멈추지 않고, 하나님을 경험하는 삶을 살았다. 열정의 사나이였던 그는 하나님에게 가장 열정적이었다. 그는 하나님께 '올인'했다. 모든 것을 던졌다. 하나님께 뛰어들고 그분을 껴안고 받아들였다. 그래서 하나님은 그의 삶에서 관념이 아니라 실재가 되었다. 그에게 하나님은 살아있는 실화(實話)의 이야기였다. 시편 23편은 하나님의 임재 가운데 기도하는 삶을 살아낸 사람만이 쓸 수 있는 노래다.

"여호와는 나의 목자시니 내게 부족함이 없으리로다. 그가 나를 푸른 풀밭에 누이시며 쉴 만한 물 가로 인도하시는도다 … 내 평생에 선하심과 인자하심이 반드시 나를 따르리니 내가 여호와의 집에 영원히 살리로다."

하나님과 함께 살고 하나님 안에서 살았기에, 그리고 그 하나님과 함께하는 삶이 얼마나 행복한지를 알았기에 그는 시편 27편 4절과 같은 고백을 할 수 있었다.

"내가 여호와께 바라는 한 가지 일 그것을 구하리니 곧 내가 내 평생에 여호와의 집에 살면서 여호와의 아름다움을 바라보며 그의 성전에서 사모하는 그것이라."

이런 고백만 한 것이 아니라 실제로 그는 매일 24시간 동안 예배하는 '24/7 기도와 예배운동'을 시작했다. 다른 사람들에게만 시켰겠는가? 결코 아니라고 본다. 다윗은 분명 자신도 하루 종일 기도했을 것이다. 하나님께 모든 것을 건 사람이었기에 하나님과 함께 하는 날들은 의무가 아니라 기쁨이었음이 분명하다. 사무엘하 7장 18~29절에는 하나님을 인생과 왕국의 주체로 인정하는 다윗의 절절한 기도가 기록되어 있다.

"다윗 왕이 여호와 앞에 들어가 앉아서 이르되 주 여호와여 나는 누구이오며 내 집은 무엇이기에 나를 여기까지 이르게 하셨나이까; 주 여호와는 주의 종을 아시오니 다윗이 다시 주께 무슨 말씀을 하오리이까; 그런즉 주 여호와여 이러므로 주는 위대하시니 이는 우리 귀로 들은 대로는 주와 같은 이가 없고 주 외에는 신이 없음이니이다; 만군의 여호와 이스라엘의 하나님이여 주의 종의 귀를 여시고 이르시기를 내가 너를 위하여 집을 세우리라 하셨으므로 주의 종이 이 기도로 주께 간구할 마음이 생겼나이다; 이제 청하건대 종의 집에 복을 주사 주 앞에 영원히 있게 하옵소서. 주 여호와께서 말씀하셨사오니 주의 종의 집이 영원히 복을 받게 하옵소서 하니라."(삼하 7:18, 20, 22, 27, 29)

다윗은 이 기도를 통해 모든 일의 주체는 하나님이 되심을 선언한다. '내가 아니다. 하나님이다. 내가 세우는 것이 아니라 하나님이 세우신다. 모든 일은 하나님의 주권적 행동에 의해서 결정된다. 나는 오직 통로일 뿐이며 종속 변수일 뿐이다.'

그는 이제 자신의 날갯짓을 멈추고 하나님의 바람을 타기로 결심한다. 이 기도를 통해 다윗은 하나님과 자신은 하늘과 땅만큼의 차이가 있는 존재라는 것을 고백한다. 하나님의 영광에 도저히 미치지 못하는 연약한 존재로서 자신을 인정하며 하나님을 인생과 자신의 왕국의 구주로 초청한다. 나는 기도란 이와 같은 것이라고 믿는다. 나를 비우고, 하나님을 세우는 것이 기도다.

이 같은 마음가짐이 있었기에 우리야의 아내 밧세바를 범한 추악한 범죄를 저지른 후에도 완전히 망가지지 않았다. 그는 나단 선지자의 추상같은 이야기, "바로 당신입니다!"라는 지적에 무너진다. 거기 멈추는 것이 아니라 그는 다시 하나님을 향해 기도하며 고백한다. "내가 여호와께 죄를 범하였노라." 그는 하나님 앞에서 자신이 죄인임을 선포한다. 죄를 피하지 않고 인정하며 그것을 통해서 자신의 정체성을 깨달았다. 그는, 나는, 우리는 죄인이다. 그래서 우리에게는 하나님이 필요하다. 다윗은 기도의 사람이었기에 결정적 순간에 죄를 피하지 않고, 회개의 기도를 드렸다. 시편 51편에서 그는 뼛속 깊은 죄인인 자신의 모습을 밝히며 다시 깨끗하게 되기 위한 열정을 토로했다.

> "주의 얼굴을 내 죄에서 돌이키시고 내 모든 죄악을 지워 주소서. 하나님이여 내 속에 정한 마음을 창조하시고 내 안에 정직한 영을 새롭게 하소서. 나를 주 앞에서 쫓아내지 마시며 주의 성령을 내게서 거두지 마소서. 주의 구원의 즐거움을 내게 회복시켜 주시고 자원하는 심령을 주사 나를 붙드소서."(시 51:9~12)

다윗의 이야기는 다윗의 이야기가 아니다. 그것은 다윗을 통한 하나님의 이야기다. 다윗의 삶에서 우리는 다함이 없는 하나님의 은혜와 사랑을 발견한다. 다윗을 다윗 되게 한 것은 그의 인간적 면모가 아니다. 그의 세상적인 강점과 약점이 아니다. 하나님이다! 하나님이 다윗을 다윗 되게 하셨다. 다윗은 그 하나님께 평생 기도하는 삶을 살았다. 그럼으로써 하나님의 사랑을 얻었다. 하나님이 말씀하시는 것 같다. "내 종 다윗은 참 사랑스러웠단다."

나는 부족하지만 다윗과 같이 하나님께 모든 것을 걸고 싶다. 그렇게 하려 한다. 주 7일, 하루 24시간 동안 찬양과 경배, 기도의 삶을 살기 원한다. 그래서 하나님으로부터 "내 종 학선아, 너는 참 사랑스러운 아이란다"라는 이야기를 듣고 싶다. '다윗처럼' 골리앗을 물리칠 필요도, 왕이 될 필요도, 죄악을 범할 필요도 없다, 그러나 '다윗처럼' 하나님의 임재를 현실의 삶에서 느끼는 기도의 사람이 될 필요는 분명히 있다. 우리 함께 '다윗처럼' 되어보자.

히스기야처럼

"하나님, 살려주세요."

남 유다의 성군이었던 히스기야는 이사야 선지자로부터 하나님의 말씀을 듣는다. "이제, 갈 때가 되었다"는 청천벽력 같은 통고였다. 의사가 그런 이야기를 했다면 오진을 의심하거나 다른 방법을 찾을 수도 있겠지만, 이번 진단은 만군의 주이신 하나님께서 하신 것이었다. 사형선고였다. 피할 길은 없었다. 이쯤 되면 정말 삶을 정리해야 했다. 호스피스 병동에라도 가서 마지막 길을 준비하는 것이 마땅하다.

그러나 그는 포기하지 않았다. 마지막 탄원을 하기로 했다. 그는 벽을 향해 앉았다. 가로막힌 벽을 마주했다는 것은 배수의 진을 친 것이다. 다른 것 바라보지 않고 오직 하나님께만 초점을 두겠다는 결의였다. 그는 통곡하며 기도했다. 수없이 "하나님, 살려주세요"라고 부르짖었을 것이다. 그러면서 그는 하나님께서 지난날을 기억하시도록 했다. 하나님께 자신이 행했던 선한 일들을 기억해 달라고 기도했다. 하나님께서 상기하고 기억하시도록 하는 것은 성경 속 기도의 인물들이 자주 쓰는 용법이었다. 그는 자신이 전심으로 주님 앞에서 행했던 선한 일들을 부디 기억해 달라며 통곡했다.

> "히스기야가 병들어 죽게 되매 아모스의 아들 선지자 이사야가 그에게 나아와서 그에게 이르되 여호와의 말씀이 너는 집을 정리하라 네가 죽고 살지 못하리라 하셨나이다. 히스기야가 낯을 벽으로 향하고 여호와께 기도하여 이르되 여호와여 구하오니 내가 진실과 전심으로 주 앞에 행하며 주께서 보시기에 선하게 행한 것을 기억하옵소서 하고 히스기야가 심히 통곡하더라."(왕하 20:1~3)

히스기야는 개혁자였던 요시야와 함께 다윗 이후 유다를 통치한 두 걸출한 성군이었다. 그는 철저히 하나님과 함께 하는 왕이었다. 결코 하나님을 떠나지 않았다. 하나님의 계명을 지켰다. 국제정세의 유·불리와는 상관없이 하나님 편에 섰다. 당시의 중·근동 지방의 패권은 앗수르가 쥐고 있었다. 비록 종속적인 상태라도 평화를 누리기 위해서는 앗수르와 연합해야 했다. 그러나 히스기야는 하나님이야말로 남유다의 안전과 행복의 근원임을 믿었기에 앗수르에 대항했다. 백성의 안전을 지켜야 하는 지도자로서는 다소 무모할 수 있는 그 같은 행동을 할 수 있었던 것은 히스기야가 인생을 통해 살아계신 하나님을 경험했기 때문이었으리라. 그 결과 그는 어떤 일을 하더라도 잘 풀리는, 즉 형통한 삶, 지경을 넓히는 삶을 살 수 있었다.

> "여호와께서 그와 함께 하시매 그가 어디로 가든지 형통하였더라. 저가 앗수르 왕을 배반하고 섬기지 아니하였고 그가 블레셋 사람들을 쳐서 가사와 그 사방에 이르고 망대에서부터 견고한 성까지 이르렀더라."(왕하 18:7~8)

열왕기하를 보면 히스기야가 죽음을 통고받은 뒤에만 절절히 기도한 것이 아니라, 그 이전부터 열정적인 기도의 사람이었음을 알 수 있다. 그는 앗수르의 왕 산헤립의 공세에 의해 예루살렘이 포위를 당한 몹시 위태로운 누란의 위기에서 기도를 선포한다. 유다 백성들을 능멸하며 항복을 강요하는 산헤립의 신하 랍사게의 위협 속에서 히스기야는 선지자 이사야에게 "기도하라"고 촉구한다. 그는 하나님을 따르는 유다가 능멸당하는 것은 곧 하나님이 조롱을 당하는 것과 같다면서 그 같은 상황을 하나님께 아뢰어야 한다고 말한다. 이사야는 분명 기도하고 대답했을 것이다. 이사야는 히스기야에게 "두려워 말라"는 하나님의 말씀과 함께 하나님이 직접 앗수르를 쳐부술 것임을 전한다. 그럼에도 계속 랍사게가 "여호와를 의지하는 것은 속는 것"이라며 조롱하자 히스기야는 직접 예루살렘 성전에 올라가 기도를 한다.

> "히스기야가 기도하여 이르되 그룹들 위에 계신 이스라엘의 하나님 여호와여 주는 천하 만국에 홀로 하나님이시라 주께서 천지를 만드셨나이다. 여호와여 귀를 기울여 들으소서. 여호와여 눈을 떠서 보시옵소서. 산헤립이 살아 계신 하나님을 비방하러 보낸 말을 들으시옵소서."(왕하 19:15~16)

그는 앗수르의 침공이라는 목전의 위협에도 불구하고, 왕국의 안전이 무도한 패권 국가에 복종하는 것이 아니라 하나님의 손에 있음을 굳게 믿었다. 오직 하나님만이 앗수르의 손에서 구원해 내실 분이라는 것을 강조하며 "이제 우리를 그의 손에서 구원하소서"라고 간구한다. 히스기야는 기도의 사람들이 하나님과의 대화에서 즐겨 행했던 '하나님의 속성과 성품'에 호소하며 기도를 드렸다. 물론 하나님은 히스기야의 기도에 응답하셨다. 대적의 공격 앞에 놓인 국가적 무력 상태를 히스기야는 '기도'라는 자신만의 무기로 타개해 나갔다.

이 같은 기도의 사람인 히스기야가 자신의 죽음 앞에서 기도로 최후의 승부를 걸었다는 것은 충분히 이해할만하다. 히스기야의 기도에서 발견되는 것은 진정성이다. 그는 진심을 다해 기도했다. 히스기야뿐 아니라 기도의 능력을 체험했던 사람들은 자신의 죽음 앞에서뿐만 아니라 매사에 전심전력으로 기도할 것이다. 그의 간구와 소원은 하나님의 마음을 움직였다. 인간의 생사화복은 주권자이신 하나님께 달려 있다. 하나님은 히스기야에게 15년 더 살 수 있는 '인생 보너스 티켓'을 건네주셨다. 히스기야는 국가를 위한 기도와 함께 개인을 위한 기도를 드렸다. 어느 편에서도 기도의 능력은 유감없이 발휘되었다. 합심해서 공동체로 드리는 기도를 통해 남유다는 앗수르의 공격을 물리치며 번영기에 돌입할 수 있었다. 히스기야 개인적으로도 생명을 연장받아 남은 자신의 소명을 다할 수 있었다. 사실 언젠가는 누구나 이 땅을 떠난다. 히스기야도 결국 15년 후에 세상을 떠났다.

유한한 인생에서 가장 보람된 것은 보낸 자가 부탁하신 소명을 완수하고 원대 복귀하는 것이다. 모든 사람이 "살려주세요"라고 울부짖으며 '히스기야의 기도'를 드리지만 모든 사람이 생명을 연장받는 것은 아니다. 모든 일에는 하나님의 뜻이, 섭리가 있다. 우리의 의무는 그 섭리를 받아들이되 끝까지 하나님과의 대화의 끈, 기도를 놓지 않는 것이다. 기도하면 된다! 기도하고 생명을 연장받았다면 하나님의 소명을 이뤄나가야 할 일이 있음을 인식하면 된다. 기도했지만 결국 삶을 끝내야 했다면 거기서 감사하면 된다. 기도하다 보면 우리의 삶은 이 땅에서 끝나지 않는다는 사실이 마음 깊이 다가온다. 기도하면 어떤 경우에도 감사할 수 있다. 그래서 우리는 기도해

기도수업

야 하는 것이다.

나도 인생길 가면서 수없이 "하나님, 제발 살려주세요. 아내를 살려 주세요. 우리 가족을 살려주세요"라고 통곡하며 부르짖었다. 막다른 벽, 벼랑 끝에 서는 믿음으로 하나님께 간구했다. 기도하면 거뜬히 치유될 것을 믿었지만 결국 아내는 치유되지 않았다. 수많은 날을 "주여, 왜?"라는 질문을 하고 살았다. 처음에는 알 수 없었다. 그러나 시간이 지나면서 점차 알게 되는 것들이 있었다. 이 땅에서 우리는 잠시 사는 것이라는 사실, 인생길에는 우리가 도저히 해석할 수 없는 신비의 영역이 있다는 것, 모든 것을 받아들여야 한다는 것, 끝이라고 생각했을 때 새로운 길이 나타난다는 것 …. 내가 배웠고, 여전히 배우고 있는 것들이다. 시간이 지나면서 모든 것에 감사할 수 있었다. 비록 아내가 치유되지는 않았지만 여전히 살아서 이 땅에서 숨 쉬고 있는 것, 고난을 통해서 하나님을 더욱 가까이하게 된 것, 내 개인의 행복을 넘어서 공동체의 행복을 추구하게 된 것 …. 이런 모든 것들이 기도를 통해 얻어졌다. 그래서 우리는 어떤 순간에도 기도해야 한다. 지금 암 말기로, 치명적 질병으로 사형선고를 받았더라도 히스기야처럼 벽을 앞에 두고 오직 하나님만 바라며 기도하시기 바란다. 깊은 우울증으로 더 이상 살 소망을 느끼지 못해 아파트 옥상에 올라가고 싶은 충동에 사로잡힐 때, 무릎 꿇으시라. 기도를 들으시는 하나님, 우리의 신음까지도 세밀히 들으시는 그분이 새롭고 살길을 알려주실 것이다. 이것이야말로 우리의 소망이 아닌가.

느헤미야처럼

바벨론에 포로로 끌려간 예루살렘 사람들이 후손인 느헤미야는 바사(페르시아) 제국에서 황제를 바로 곁에서 모시는 중요한 관직에 오른 인물이다. 그럼에도 그에게는 유대인의 피가 흘렀고 예루살렘을 향한 열정이 한순간도 가슴에서 떠나지 않았다. 비록 제국의 수도에서 유능한 관리로 있지만 예루살렘이라는 소리만 들어도 눈시울이 붉어지는 천상 유대인이었다.

그는 기도의 인물이었다. 느헤미야서의 도입부에서부터 그가 기도하는 사람이라는 것이 잘 나타나 있다. 바사의 수도 수산궁에 있던 느헤미야는 형제 가운데 한 명인 유대에서 바사로 온 하나니로부터 예루살렘의 소식을 듣는다. 하나니는 유다를 정복한 바벨론인으로부터 추방을 면해 예루살렘에 남아 있는 자들이 당하는 고통을 전해줬다. 또한 허물어지고 불탄 예루살렘과 성문에 대한 이야기를 해줬다. 예루살렘이 함락된 지 150년이 지났지만 여전히 그 땅은 황폐해져 있는 상태이며, 거기에 사는 유대 기층민들의 삶은 고통의 연속이라는 사실에 느헤미야는 충격을 받고 울음을 터트린다. 하나니의 말을 들은 그는 아마도 털썩 주저앉아 망연자실한 표정으로 눈물을 흘렸을 것이다. 느헤미야는 가만히 울고만 있지 않았다. 하나님 앞에 나아가 금식하며 기도했다. 사실 이것은 유대인의 정체성을 잊지 않은 성공한 디아스포라 느헤미야가 행할 가장 강력한 행동이었다.

기도수업

"내가 이 말을 듣고 앉아서 울고 수일 동안 슬퍼하며 하늘의 하나님 앞에 금식하며 기도하여 이르되 하늘의 하나님 여호와 크고 두려우신 하나님이여 주를 사랑하고 주의 계명을 지키는 자에게 언약을 지키시며 긍휼을 베푸시는 주여 간구하나이다. 이제 종이 주의 종들인 이스라엘 자손을 위하여 주야로 기도하오며 우리 이스라엘 자손이 주께 범죄한 죄들을 자복하오니 주는 귀를 기울이시며 눈을 여시사 종의 기도를 들으시옵소서."(느 1:4~6)

느헤미야는 '하늘의 하나님 여호와, 크고 두려우신 하나님'께 기도했다. 페르시아라는 강대국 속에서도 그는 하나님의 통치가 예루살렘은 물론 바사와 온 땅에 미침을 깊이 인식하고 살았음이 틀림없다. 그러면서 그는 이스라엘의 죄악을 고백하며 회개한다. 부득이 해외에 거주하게 된 디아스포라가 전 이스라엘 민족의 죄를 부둥켜안고 하나님께 자복하고 회개한 것이다. 그러면서 느헤미야 역시 다른 위대한 기도의 사람들과 마찬가지로 하나님의 속성과 약속을 다시 상기시켜 드린다.

"옛적에 주께서 주의 종 모세에게 명령하여 이르시되 만일 너희가 범죄하면 내가 너희를 여러 나라 가운데에 흩을 것이요 만일 내게로 돌아와 내 계명을 지켜 행하면 너희 쫓긴 자가 하늘 끝에 있을지라도 내가 거기서부터 그들을 모아 내 이름을 두려고 택한 곳에 돌아오게 하리라 하신 말씀을 이제 청하건대 기억하옵소서."(느 1:8~9)

하나님이 지난 시절에 하신 말씀을 토대로 유대 동족들에게 새로운 길을 열어 주시기를, 귀환의 역사가 이뤄지도록 도와달라고 호소한 것이다. 그는 지금 고통과 조롱 속에서 살고 있는 유대인들이 일찍이 큰 권능과 강한 손으로 구속하신 주의 종들이요 주의 백성이라는 사실을 강조했다. 끊임없이 하나님께서 과거에 행하신 일들과 약속들을 상기시키면서, 느헤미야는 하나님께 자신과 유대 공동체원들의 기도를 들어달라고 호소한다. 그의 기도를 읽다 보면 과거 조선 시대 신하들이 왕에게 상소를 올리면서 "통촉하소서, 전하. 종들의 요구를 들어주소서"라고 끈질기게 호소하는 모습이 연상된다.

"주여 구하오니 귀를 기울이사 종의 기도와 주의 이름을 경외하기를 기뻐하는 종들의 기도를 들으시고 오늘 종이 형통하여 이 사람들 앞에서 은혜를 입게 하옵소서."(느 1:11)

수구초심(首丘初心). 여우가 죽을 때에 머리를 자기가 살던 굴 쪽으로 바르게 하고 죽는다는 말로 고향을 그리워하는 마음을 비유한 고사성어다. 느헤미야를 수식할 수 있는 단어가 바로 수구초심이라고 생각된다. 몸은 바사에 있지만 그의 마음은 예루살렘에 가 있었다. 누구도 그 마음을 빼앗을 수 없다. 예루살렘을 향한 간절함, 유대 동족들을 향한 긍휼의 마음을 간직했기에 그는 금식하며 하나님께 민족의 운명을 위해 기도할 수 있었던 것이다.

느헤미야는 신실한 기도의 사람이면서 주도면밀한 전략가이기도 했다. 그는 자신이 지닌 것들을 잘 활용할 줄 아는 유능한 사람이었다. 능력이 있으면서도 사람들로부터 인정과 사랑을 받았을 것이다. 솔직히 능력 있는 사람이 사랑받기는 쉽지 않다. 인간의 속성이 그렇다. 그럼에도 느헤미야는 이 둘을 가졌던 것 같다. 그렇지 않았다면 그가 왕의 절대 신뢰가 없으면 불가능한 술 관원이 될 수 없었을 것이다. 그는 지혜롭게 왕의 기분을 맞추며 유다로 가서 무너진 성읍을 재건할 수 있도록 허락해 달라 부탁한다. 결국 그는 왕의 윤허를 받았다.

느헤미야는 하늘과 온 땅의 왕이신 하나님은 물론 이 세상의 현실적 왕으로부터 응답을 받을 수 있었다. 그 비결이 무엇이었을까? 그의 겸손과 능력, 주도면밀함은 모두 기도의 결과라고 여겨진다. 세상의 지혜와 처세술로만은 한계가 있다. 금방 바닥이 드러난다. 그러나 깊은 묵상과 진정성 있는 기도를 통한 지혜와 전략은 하늘과 땅의 통치자의 마음을 움직이게 한다. 바사의 아닥사스다 왕은 느헤미야의 청을 허락하고 후원까지 했다.

느헤미야는 예루살렘으로부터 들려 온 동족들의 처지와 그 땅의 현실을 외면하지 않았다. 그는 자신이 할 수 있는 것과 지닌 것을 통해서 현실적 상황을 바꾸기 위한 작업을 시도했다. 사실 그것은 말처럼 쉽지 않다. 제국의 시스템이 주는 달콤함 속에 젖어있는 사람들은 그 같은 시도를 할 수 없다. 제국의 시스템 속에 머물지만 그 안에서 생명을 품고 정체성을 지키며 사는 사람, 마음속 깊은 곳에 빼앗기지 않는 고향을 향한 열망을 지닌 사람만이 그 같은 시도를 할 수 있다. 기도는 우리를 영원의 고향으로 연결시켜 준다. 제국에 있지만 본향을 생각하게 해준다. 느헤미야의 기도와 그의 헌신을 통해 예루살렘의 성벽이 재건되었다. 산발랏, 도비야, 게셈 등의 조롱과 방해를 뚫고 사명을 완수하기까지 기도는 모든 일의 중심에 있었다.

미국에 사는 한인 디아스포라로서 나도 느헤미야와 같은 마음을 품고 기도한다. 나 역시 수구초심의 마음이 있다. 몸은 로스앤젤레스에 있지만 내 마음은 늘 조국 한국에 가 있다. 어린 시절 고향의 모습과 연세대 백양로 캠퍼스는 내 마음속에 사라지지 않는다. 조국의 어려운 상황에 대한 뉴스를 접할 때마다 나는 느헤미야의 심정으로 하나님께 기도하며 호소한다.

"주님, 부디 대한민국과 한민족을 굽어 살펴주소서. 그들은 모두 주의 종이며, 주의 백성입니다. 지난날 한국 크리스천들이 흘렸던 피와 땀과 눈물을 기억해 주소서. 그 땅 고쳐주소서."

우리 모두 느헤미야처럼 기도할 수 있다. 전 세계에 흩어진 750만 명의 한인 디아스포라가 느헤미야처럼 조국을 생각하며 하나님께 기도하기를 소망한다. 조국의 크리스천들도 한인 디아스포라들을 위해 기도해 주시기 바란다. 하늘의 하나님 여호와, 크고 두려우신 하나님이 내 조국 대한민국을 지켜 주시기를 오늘도 기도한다.

기도수업

아굴처럼

구약성경 잠언에 유일한 기도문이 있다. 잠언 30장 7~9절이다.
'아굴의 잠언'이라 불리는 이 구절은 아굴의 평생소원이자 평생의 기
도 내용이다.

"내가 두 가지 일을 주께 구하였사오니 내가 죽기 전에 내게 거절하
지 마시옵소서. 곧 헛된 것과 거짓말을 내게서 멀리 하옵시며 나를
가난하게도 마옵시고 부하게도 마옵시고 오직 필요한 양식으로 나
를 먹이시옵소서. 혹 내가 배불러서 하나님을 모른다 여호와가 누
구냐 할까 하오며 혹 내가 가난하여 도둑질하고 내 하나님의 이름을
욕되게 할까 두려워함이니이다."

아굴의 평생 기도 제목은 먼저 "헛된 것과 거짓말을 내게서 멀리
하옵소서"이다. 여기서 '헛된 것'은 허탄한 것(시 119:37)과 헛된 말
을 뜻한다. 허탄한 것과 헛된 말은 탐욕을 의미한다.

"내 마음을 주의 증거들에게 향하게 하시고 탐욕으로 향하지 말게
하소서."(시 119:36)
"누구든지 헛된 말로 너희를 속이지 못하게 하라. 이로 말미암아 하
나님의 진노가 불순종의 아들들에게 임하나니"(엡 5:6)

아굴은 평생 기도 제목으로 허탄한 것, 헛된 말과 함께 거짓말을 멀리하게 해달라고 기도한다. 성경은 거짓말과 거짓에 대해 아주 민감하다. 잠언에서만 54개 구절에서 거짓말에 관해 이야기하고 있다. 거짓말은 우리의 영성과 신앙을 뒤흔들고 이중적 삶으로 만드는 치명적인 독소다. 그러므로 우리는 두렵고 떨리는 마음으로 거짓말하는 자가 되지 않기를 힘써야 한다.

"너는 그의 말씀에 더하지 말라. 그가 나를 책망하시겠고 너는 거짓말 하는 자가 될까 두려우니라."(잠 30:6)

아굴의 두 번째 평생 기도 제목은 "나를 가난하게도 마옵시고 부하게도 마옵소서"이다. 이는 아주 실제적인 기도 제목으로 현대를 사는 우리가 심각하게 생각해보아야 할 내용이다. 지금 우리들의 마음 가운데 있는 것은 무엇인가? 마음 중심에 있는 그것이 우리를 이끈다. 하나님이 마음 한가운데 있다면 너무나 좋겠지만 실제로 이 현실적 삶을 사는 사람들의 마음 중심에는 돈이 자리 잡고 있다. 돈은 우리 삶의 중심에 있는 가장 강력한 요소 가운데 하나다. 이 현실을 결코 무시하지 말아야 한다. 돈을 어떻게 생각하고, 그것을 어떻게 사용하는지를 살펴보면 그 사람이 누구인지 알 수 있다. 이 시대에 돈은 그것을 지닌 사람의 사회적 위치를 결정해주기도 한다. 사람들이 기를 쓰고 좋은 대학에 가려는 것도 사실 돈을 많이 벌기 위한 목적이 대부분이다. 특히 이 자본주의 체제에서 우리는 돈을 피해갈 수 없다. 그래서 돈에 대한 영성을 깊이 생각하는 것이 필요하다. 성경에는 돈에 대한 경고성 내용이 많이 있다.

> "돈을 사랑함이 일만 악의 뿌리가 되나니 이것을 탐내는 자들은 미혹을 받아 믿음에서 떠나 많은 근심으로써 자기를 찔렀도다."(딤전 6:10)
> "네가 이 세대에서 부한 자들을 명하여 마음을 높이지 말고 정함이 없는 재물에 소망을 두지 말고 오직 우리에게 모든 것을 후히 주사 누리게 하시는 하나님께 두며"(딤 6:17)

돈을 사랑하는 것이 모든 죄악의 시작이 된다. 이것은 요즘 미국은 물론 한국에서도 각종 사건 사고를 통해 증명되고 있다. 돈 때문에 가정이 파탄 나며, 형제자매는 물론 부모와 자식도 갈라지며, 심지어 살인까지 한다. 교회에서도 돈으로 인한 문제들이 많이 발생하고, 사회 문제화되고 있다. 좋은 뜻으로 시작한 목회가 돈으로 불행하게 끝나는 경우도 많다. 너무나 안타까운 일이다. 여하튼 작금의 상황을 보면 돈을 사랑하는 것이 일만 가지 악의 근원이 된다는 디모데전서의 말씀을 실감한다.

그러나 너무나 돈을 터부시해서는 안 된다. 가난하게 되는 것만이 능사가 아니다. 물론 크리스천들이 하나님의 나라를 위해 자발적 가난과 은둔을 선택할 수는 있다. 그러나 모든 사람이 그런 삶만을 추구한다면 정작 크리스천들은 이 사회를 변혁할 주체가 될 수 없다. 어떻게 보면 돈은 철저히 가치중립적이다. 그것을 어떻게 쓰느냐에 따라 일만 악의 근원이 될 수도, 하나님의 사랑이 통과되는 통로가 될 수도 있다.

나는 아굴이 "나를 가난하게도 마옵소서"라고 기도한 것이 특히 인상 깊다. 아마 대부분 신실한 크리스천들은 그의 또 한 가지 기도 제목인 "나를 부하게도 마옵소서"가 더 다가올 것이다. 그만큼 부로 인한 문제점과 역기능이 만연되어 있기 때문이다. 그러나 아굴은 절대로 부를 탐하지 않았지만 가난하게 되는 것도 경계했다. 부하지도, 가난하지도 말고 필요한 양식을 얻을 수 있게 해달라고 했다.

인생을 살면서 나는 주체할 수 없을 정도로 돈이 너무 많아 오히려 인생이란 큰 전투에서 패배한 사람들도 만났지만, 돈으로 인해 너무나 고생하는 사람들을 더 많이 보았다. 인간은 생존을 위한 단계에만 머물다 보면 그것을 타개하기 위해 모든 시간을 바침으로써 결국 더 중요한 일을 못한 채 생을 마감하게 된다. 사실 이것은 비극이다. 생존을 위한 돈만을 간신히 벌어 입에 풀칠만 하고 살다 가는 것이 인생을 향한 하나님이 뜻은 아닐 것이다. 올바로 하나님을 만난 크리스천들은 돈을 벌더라도 돈을 극복하는 삶을 살 수 있다. 초대교회 성도들이 좋은 예다.

"모든 물건을 서로 통용하고 또 재산과 소유를 팔아 각 사람의 필요를 따라 나눠 주며…기쁨과 순전한 마음으로 음식을 먹고"(행 2:44~46)

초대교회 공동체에는 돈을 더 많이 번 사람과 상대적으로 적게 번 사람들이 혼재되어 있었을 것이다. 그러나 그들에게는 돈으로 인한 어떠한 구별이나 차별이 없었다. 더 많이 번 사람들은 자신의 부가 다른 지체들을 위한 섬김의 도구로 사용될 수 있음을 감사했을 것이다. 돈을 통해 우리는 이웃을 효과적으로 섬길 수 있다. 긍휼의 마음이 들 때는 구체적으로 도움을 실행에 옮길 수 있다. 그러므로 크리스천들은 깨끗한 부자가 될 필요가 있다. 하나님을 경외하는 크리스천들이야말로 돈을 가장 잘 사용할 사람들, 즉 청지기로서의 삶을 살 수 있는 자들이기 때문이다.

나는 야베스의 기도를 내 평생 기도 제목으로 삼고 있다. 나는 빌 게이츠나 워런 버핏처럼 엄청난 부자로 살고 싶은 마음은 전혀 없다. 그러나 찢어지게 가난하게 살고 싶지도 않다. 너무 가난해 생존의 단계에만 머물면 하고 싶은 일을 하지 못하기 때문이다. 이제 내가 돈을 버는 목적은 나와 나의 가족만을 위해서가 아니다. 하나님이 허락하신다면 평생 남을 돕는 사랑의 삶을 살고 싶다. 그러기 위해서 일터에서 최선을 다해 일하며, 지혜롭게 돈을 벌고 다스리려 하고 있다.

그렇다면 우리는 어떻게 해야 필요한 재정을 얻을 수 있을까? 성경은 우리에게 부자가 될 수 있는 명백한 방법을 가르쳐 주고 있다.

"먼저 그의 나라와 그의 의를 구하라. 그리하면 이 모든 것을 너희에게 더하시리라."(마 6:33)

먼저 그의 나라를 구할 때 우리는 모든 것을 얻을 수 있다. 크리스천이 되어 하늘 아버지의 자녀가 되었을 때, 우리는 모든 것을 소유한 자가 된다. 왜냐하면 온 땅이 아버지의 것이기 때문이다. 우리 것은 하나도 없다. 모든 것은 하늘 아버지의 선물로 주어진 것이다. 그런 면에서 크리스천들은 모두 영적인 백만장자라고 할 수 있다. 이 세상에서 헌신된 크리스천들보다 재정을 잘 사용할 사람들은 없다. 그러므로 이 땅의 크리스천들이 영적·육적인 부자가 되었을 때, 하나님의 나라가 더욱 효과적으로 넓혀질 수 있다. 그런 면에서 우리 모두가 하루하루를 그저 지내지 않고 창조적이며 최선을 다하는 삶을 살아야 한다.

아굴은 우리의 훌륭한 기도 선배다. 이 땅에 아굴처럼 기도하며 그 기도대로 사는 하나님의 사람들이 넘치기를 간절히 바란다.

기도수업

헤른후트의 '지저스 하우스'에서 바라본 하늘

말씀에 길이 있고, 생명수가 흐른
다. 그 말씀의 물을 마시는 자마다
살아나는 역사가 일어난다. 오늘
당장 성경을 펴서 하나님의 영감
으로 쓰인 말씀을 붙잡고 기도하
자. 갑자기 무미건조했던 삶에 약
동하는 생기가 흐를 것이다

4장

기도는 훈련이다

1. 쉬지 말고 기도하라

기도는 일이 아니다. 삶이다. 일을 하는 것처럼 의지적으로 호흡을 하는 사람은 없을 것이다. 인간은 자기도 모르는 사이에 자연스럽게 호흡을 한다. 기도도 마찬가지다. 호흡처럼 자연스런 우리 삶의 일부가 되어야 한다. 우리 기도를 들으시는 주님은 우리 안에 거하신다. 내주하시는 주님과 호흡을 하는 것처럼 부지불식간에, 자연스럽게 대화를 나누는 것이 기도다.

호흡은 결코 쉴 수 없다. 호흡을 쉬면 죽는다. 그래서 '쉬지 말고 호흡해야' 하는 것이다. 예수님도 "쉬지 말고 기도하라"(살전 5:17)고 말씀하셨다. 쉬지 않고 기도한다는 것은 문자 그대로 멈추지 않고 계속 기도하라는 뜻이다. 어떻게 하루 24시간 쉬지 않고 기도할 수 있는가? 일을 잘하기 위해서는 쉼이 필요하다. 일과 쉼이 반복적으로 수행되어야 온전한 삶이 형성될 수 있다. 그러나 기도를 하는

데에는 쉼이, 멈춤이 있어서는 안 된다. 왜냐하면 기도는 신자들에게 있어 호흡과 같기 때문이다. 일에서의 쉼은 휴식이요 재충전의 시간이지만 호흡에서의 쉼은 죽음을 의미한다. 아무리 강건한 사람일지라도 코끝에서 호흡이 멈춰지면 죽는다. 기도를 멈추면 영적으로 죽는다.

쉬지 말고 기도하기 위해서 기도는 일이 아니라 생활이 되어야 한다. 사는 것과 숨 쉬는 것은 일이 아니라 자연스러운 생활이다. 고통스러운 작업이 아니다. 물론 폐질환이 있는 특별한 사람들에게 호흡은 너무나 힘든 일이겠지만 대부분 사람은 호흡한다는 사실도 모른 채 숨을 쉬고 있다. 한번 호흡을 일이라고 가정해보자. 직장 상사가 "이제부터 여러분은 30분 동안 호흡을 규칙적으로 해야 합니다"라고 명령한다면 얼마나 숨 쉬는 것이 고역이 되겠는가? 한 번 한 번 호흡할 때마다 의식하다 보면 호흡은 오히려 고통스러운 작업이 될 것이다. 호흡을 24시간 동안 할 수 있는 것은 의식하지 않기 때문이다. 자연스러운 삶의 일부가 되었기 때문이다. 기도가 그래야 한다. 언제 어디서나 기도하는 것이 자연스러운 일이 되어야 한다.

우리가 기도를 호흡처럼 쉬지 않고 하기 위해서는 기도를 들으시는 주님을 우리 안에 모셔야 한다. 주님이 단지 한두 번 나를 방문하시는 것이 아니라 아예 내 안에 거하시도록 자리를 내어 드려야 한다는 말이다. 내 마음이 그리스도가 거하시는 집이 되어야 한다. 내 안에 계시는 주님과의 대화는 쉬지 않고 지속되어야 한다.

주님은 우리를 친구처럼 생각하시며 끊임없이 대화를 나누고 싶어 하신다. 그런데 내가 "아, 주님. 오늘은 30분만 이야기해요. 식사 시간만 이야기하자고요"라고 말한다면 그분이 얼마나 실망하시겠는가. 주님은 이렇게 말씀하실 것이다. "얘야, 너는 나의 친구란다. 너랑 도란도란 이야기 나누고 싶어. 하루 종일 너와 함께 하고 싶단 말이다. 그러니 제발 몇 시부터 몇 시까지만 이야기하겠다고 제한을 두지 말기 바란다."

쉬지 않고 주님께 기도하기 위해서는 무엇보다 주님과 사랑에 빠져야 한다. 사랑으로 정신 못 차리는 연인들을 보았을 것이다. 그들이 사랑의 언어를 나누기에는 하루가 부족하다. 시간 가는지도 모를 정도로 그들은 친밀하게 대화를 나눈다. 어느 곳에 있든지, 어떤 일을 하든지, 모든 마음은 사랑하는 연인에게 가 있다. 일을 하다가도 수시로 카톡 메시지를 보낼 것이다. 마찬가지로 주님과 사랑에 빠지면 그분과 이야기 나누고 싶어 견딜 수 없게 된다. 그분에게 미주알고주알 이야기를 전한다. 잠시도 멈추지 않고 기도의 카톡 메시지를 보낸다. 그분을 생각하지 않고 지나는 시간은 한순간도 없다. 그분이 나와 함께 하신다는 임재를 느낀다. 그 임재가 다시 내게 그분을 더욱 생각할 힘을 준다. 이렇게 되면 기도를 위한 건강한 상승곡선이 그려지게 된다.

그분이 내 안에 계시다는 것을 인식하고, 그분을 연인처럼 사랑하면, 그분에게 쉬지 않고 말을 걸게 되고, 그분은 내 말에 응답하신다. 이런 일이 하루 종일 진행되는 것이다. 이렇게 될 때 기도는 호흡처럼 자연스러운 작업이 될 수 있다. 쉬지 않고 기도하는 것은 결

기도수업

심으로 되지 않는다. 이 역시 하나님이 주시는 선물이며 성령의 힘으로만 가능하게 된다. 성령 안에서의 삶이란 주님이 우리와 함께 계신다는 것을 끊임없이 의식하고 지낸다는 것을 의미한다. 성령과 함께 하는 삶이란 주님이 내 안에 거하신다는 사실을 깨달으며 그분과 지속적으로 대화를 나누는 것이다. 그분과 이야기하기 위해서 주일까지 기다릴 필요가 없다. 굳이 시간을 정할 필요도 없다. 그저 친구나 연인에게 말하는 것과 같이 아무 때나 대화를 나누면 된다. 하나님은 모세를 친구처럼 여기시며 말씀하셨다.

> "사람이 자기의 친구와 이야기함 같이 여호와께서는 모세와 대면하여 말씀하시며"(출 33:11)

예수님도 "내가 너희에게 명한 것을 너희가 행하면, 너희는 나의 친구다"라고 하셨다. 주님이 내 안에 거하시면 나 역시 모세와 같이 친구처럼 하나님과 이야기를 나눌 수 있다. 예수님이 명하신 것을 지켜 행하면 주님과 친구가 될 수 있다. 유한한 인간이 무한한 성부와 성자 하나님과 이야기 나눈다는 것이 얼마나 큰 특권인가. 지금 이 특권이 모든 믿는 자들에게 주어졌다. 그래서 기도를 신자들이 받는 선물이라고 하는 것이다. 선물은 펼쳐 보아야 하고 사용되어야 의미가 있다. 기도라는 위대한 선물을 펴보거나 사용하지 않는다는 것은 얼마나 비극적인 일인가.

'쉬지 말고' 기도하라는 말을 굳이 시간이나 횟수로 제한할 필요가 없다. 결국 중요한 것은 늘 기도하는 것, 항상 기도하는 마음을 갖는 것이다. 어떤 일을 할 때도 기도하면서 하라는 것이다. 주 예수 그리스도를 믿는 사람들의 정체성은 '늘 기도하는 사람'이 되어야 한다.

호흡은 의식하지 않는 자연스러운 작업이지만 우리의 삶을 위한 가장 강력한 힘이다. 호흡이 돌아와야 산다. 영적 세계의 호흡과 같은 기도 역시 가장 강력한 힘이다. 기도를 통해 우리는 살아가며, 살려낼 수 있다. 사람과 사물, 환경과 문제 등 모든 상황을 바꾸는 힘이 기도에 있다. 그래서 우리는 쉬지 말고 기도해야 한다. 살기 위해, 살려내기 위해 내 안에 거하시는 주님과 끊임없이 대화를 나눠야 한다. 주님은 우리의 기도를 들으신다. 쉬지 않고 기도할 때, 평범한 우리의 삶은 능력의 근원 되시는 주님과 함께 비범한 세계로 들어갈 것이다.

기도수업

2. 먼저 예배자가 되라

쉬지 않고 기도하기 위해서는 먼저 기도의 대상이신 하나님을 알아야 한다. 우리는 기도의 대상을 마치 알라딘의 램프에 나오는 요정 지니와 같이 내가 원하는 것을 그때그때 제공해 주는 공급자로 여기기 쉽다. 이것은 '하나님의 손'을 구하는 것이라고 할 수 있다. 공급자로서의 하나님, 능력을 행하시는 하나님을 통해 나의 유익을 구하는 것이다.

애굽을 떠나 광야를 통과하던 이스라엘 백성들은 40년 동안 하나님의 손을 구하며 살았다. 그들은 하나님의 손으로 행해진 수많은 일을 보았다. 홍해가 갈라졌으며 만나와 메추라기가 공급되었다. 반석에서 물이 터져 나왔으며 구름 기둥과 불기둥이 자신들을 인도하는 것을 보았다. 하나님의 능하신 손으로 인해 그들은 아무것도 없는 광야에서 부족함 없이 지냈다. 의복과 신발이 전혀 닳지 않았고, 발이 부르트는 자도 없었다. 그럼에도 그들은 만족하지 못해 끊임없이 하나님께 반항했다. 그 결과 광야 길을 가는 내내 하나님의 진노와 맞닥뜨려야 했다. 왜 그렇게 됐는가? 그들은 하나님 자체 보다, 하나님이 행하신 일들을 바라보고 기대했기 때문이다.

하나님의 손을 구하는 사람들은 쉬지 않고 기도할 수 없다. 그들에게 기도는 공급을 위한 일이 된다. 제때 공급이 되면 기뻐하지만 공급되지 않을 때는 원망하며 기도 자체를 하지 않게 된다. 이런 사람들은 결단코 지속적인 기도를 드릴 수 없다. 각자 마음속에 숨은 동기가 있어서 그 동기가 충족되지 않으면 얼마든지 다른 곳으로 눈을 돌릴 만반의 준비를 하고 있는 것과 같다.

호흡과 같은 '살아나고, 살리는' 기도를 드리기 위해서는 먼저 믿음과 기도의 대상인 하나님을 알아야 한다. 하나님의 마음을 알아야 한다. 그러기 위해서는 참된 예배자가 되어야 한다. 진실한 예배를 통해 하나님을 만나야 한다.

참된 예배자들은 하나님의 손이 아니라 하나님의 얼굴을 구한다. 하나님이 자기의 목적을 이루는 수단이 되는 것이 아니라 하나님 자체가 목적이 된다. 하나님의 얼굴을 구한다는 것은 하나님을 알고 사랑하는 것이 유일한 소망이 되는 것이다. 하나님은 그런 사람들을 사랑하신다. 물론 '하나님의 손'을 추구하는 사람들도 사랑하신다. 그러나 하나님 자체를 유일한 인생의 목적으로 알고 그 얼굴만을 구하는 사람들에게 더 마음이 가실 것은 분명하다. 다윗이 인간적 결함에도 불구하고 하나님의 사랑을 받았던 것은 그가 오직 한 가지,

즉 '원씽(Onething)의 삶'을 살았기 때문이다.

> "내가 여호와께 바라는 한 가지 일 그것을 구하리니 곧 내가 내 평생
> 에 여호와의 집에 살면서 여호와의 아름다움을 바라보며 그의 성전
> 에서 사모하는 그것이라."(시 27:4)

다윗에게 필요한 것은 오직 하나뿐이었다. 왕국을 얻은 그를 매료시킬 것도 오직 하나뿐이었다. 그는 하나님만을 갈망한 예배자였다. 오직 하나님만을 구했다. 그래서 하나님이 다윗을 '내 마음에 합한 자'라고 말씀하신 것이다. 사실 다윗은 영적인 비밀을 안 자였다. 하나님이 우주의 창조자시며 모든 것을 지닌 분이시기에 그분만을 구할 때, 다른 모든 필요한 것들이 충족되리라는 사실을 알고 있었다. 다윗은 자신에게 한 수 배우러 온 사람들에게 이렇게 말했을 것이다. "비밀은 간단해. 생각해 봐. 온 땅이 주님의 것이야. 그분을 얻는다면 온 땅을 얻는 것이지. 그러니 굳이 온 땅을 얻기 위해 애를 쓸 필요가 없어. 애를 쓴다고 얻어지는 것도 아니고. 우리는 오직 그분께만 초점을 맞추고 그분의 얼굴만을 구하면 돼. 참 쉽지?"

그러나 사람들은 이렇게 살지 않는다. 이 애굽의 시스템이 작동되는 세상은 우리가 하나님만 '원씽'하지 못하게 한다. 누가 하나님만 추구하는 참된 예배자가 될 수 있는가? 보화를 발견한 사람이다. 예수님은 제자들에게 다윗이 삶에서 추구했던 '원씽'을 요구하셨다.

"천국은 마치 밭에 감추인 보화와 같으니 사람이 이를 발견한 후 숨겨 두고 기뻐하며 돌아가서 자기의 소유를 다 팔아 그 밭을 사느니라. 또 천국은 마치 좋은 진주를 구하는 장사와 같으니 극히 값진 진주 하나를 발견하매 가서 자기의 소유를 다 팔아 그 진주를 사느니라."(마 13:44~46)

평생 찾았던 보물과 진주를 발견한 사람은 거기에 '올인'하게 된다. 자기의 가진 모든 것을 팔아 그것을 산다. 보물에 대한 갈망이 있는 자만이 보물을 보았을 때, 그 가치를 알아보고 대가를 지불하며 그것을 사게 된다. 결국 사모함, 갈망이 우리의 재산이다. 갈망을 통해 우리는 가장 귀한 것을 발견하고 그것을 사기 위해 모든 대가를 지불할 수 있는 것이다.

다윗은 목동 시절부터 하나님께는 자신이 알 수 없는 뭔가가 있다는 사실을 인식했다. 자신의 한계를 뛰어넘는 큰 힘이 있다는 것을 알게 됐다. 처음에 그 역시 하나님의 능력에 매료됐지만 점차 그 능력을 행하시는 분에게 집중하게 됐다. 그것이 다윗 인생에게 주어진 하나님의 페이버(Favor)였다.

다윗은 갈망만 지니고 살지 않았다. 그것을 행동으로 옮겼다. 여호와께 바라는 그 한 가지를 구하는 삶을 평생 살기로 작정한 것이다. 그리고 그렇게 살았다. 그는 하나님과 연합하는 삶의 풍성함과 기쁨을 알았기에 이 같은 고백도 진심으로 할 수 있었다.

"주의 궁정에서의 한 날이 다른 곳에서의 천 날보다 나은즉 악인의 장막에 사는 것보다 내 하나님의 성전 문지기로 있는 것이 좋사오니"(시 84:10)

온전한 기도, 쉬지 않는 기도를 드리기 위해서는 먼저 참된 예배자가 되어야 한다. 하나님과 연합된 참된 예배자는 언제나 마음을 다해 하나님의 음성을 들으려 할 것이다. 그것이 그의 유일한 목적이요 기쁨이기 때문이다. 그래서 자원하는 마음으로, 행복하게 기도를 할 수 있다. 기도는 예배의 대상인 하나님과 대화를 하는 것이기에 그 기도를 드리는 것은 너무나 황홀한 작업이 된다. 참되고 깊은 예배를 드리다 보면 하나님의 능력의 손이 아니라 오직 하나님 자체만을 알기 원하며 그분과 직접 이야기를 나누고 싶어 한다. 누가 말하지 않아도 하나님께 기도하게 된다.

나 역시 하나님의 손을 구했던 적이 많았다. 그러나 예배의 삶을 살면서 점점 나의 목적이 하나님 자체를 추구하는 것이 되었고 어떤 대가를 치르더라도 하나님을 만나기를 원하게 됐다. 나이가 들어가면서는 다윗과 같이 철저히 원씽하는 삶을 살고 싶은 갈망이 더욱 커져갔다. 하나님이 주시는 축복을 누리는 것도 기뻤지만 그 축복을 주시는 하나님과의 친밀한 관계를 더 갈망하게 되었다. 소중한 옥합을 깨뜨려 머리카락으로 예수님의 발을 닦았던 마리아와 같이 내 인생을 바쳐 참된 예배를 드리기 원했다. 내 남은 인생의 여정 동안 하나님의 임재를 추구하고 싶다. 그래야 인생의 말년에 후회하지 않을 것 같다. 이것이 나의 솔직한 소망이다.

오늘 우리의 마음속을 가득 채우고 있는 것이 무엇인가? 세상을 향한 온갖 잡동사니들이 가득 차 있지 않은가? 이제는 때가 되었다! 가던 길 멈추고, 모든 것 내려놓고 살아 계신 주, 나의 참된 소망 되시는 그분을 예배하련다. 그분의 임재에 푹 잠길 때에 나의 직장인 치과 병원이, 내 가정이, 내 교회가 하늘의 뜻이 이 땅에 이뤄지는 영광의 장소가 될 것이다. 이것이 나뿐 아니라 이 책을 읽는 모든 분의 소망되기 바란다.

3. '하루 한 시간' 기도 하라

기도는 호흡과 같지만, 훈련을 통해 얻어지는 것이기도 하다. 훈련으로서의 기도는 사실 우리 믿음의 삶에서 무시되기 쉽다. "아니, 쉬지 말고 기도하라고 하셨잖아. 기도가 호흡이라며. 숨쉬기를 훈련하는 사람은 없지." 이런 생각을 한다면 너무 어린아이와 같은 사고에 함몰되어 있다고 할 수 있다. 이 땅에는 '중력의 법칙'이 작동한다. 중력은 끌어당김이다. 이 땅은 '애굽의 시스템'이 작동되는 곳이다. 애굽의 시스템을 운영하는 어둠의 세력들은 우리 믿는 자들이 '왕국의 시스템' 속으로 들어가는 것을 절대로 방치할 리 없다. 그래서 우리에게는 중력을 거슬러 올라가기 위한 훈련이 필요하다. 영적인 측면에서 모든 것은 기도에 달려 있다. 끈기 있는 믿음의 기도를 통해 어둠의 영들을 물리칠 수 있다. 입장을 바꿔 놓고 생각해보자. 당신이 만일 어둠의 영을 대표한다면 어떤 전략을 펼치겠는가? 분명 사람들이 기도하지 못하게 할 것이다. 기도를 고달픈 일로 만들 것이다. 기도할 수 없을 정도로 바쁘게 살도록 할 것이다. 하나님께 시간을 내어드리기만 하면 그분이 모든 것을 대신해 주시겠지만, 정작 애굽의 시스템에 사는 사람들은 그 시간을 떼어 놓는 일을 무진장 어렵게 생각한다. 사실 우리가 하나님을 위한 시간을 따로 떼어 두지 않는다면 우리에게는 시간이 더욱 더 없어질 것이다. 항상 쫓기듯이 살게 함으로써 가장 중요한 일을 못하게 하는 것, 사람들이 일상에 매이고 일생에 매이게 하는 것이 사탄이 가장 흔하게 쓰는 전략이다.

그래서 우리는 영적인 훈련을 해야 한다. 영적 훈련 가운데 가장 중요한 것이 기도 훈련이다. '우리 안에 내주하시는 주님께 쉬지 말고 기도해야 한다'고 해서 특정한 장소에서 시간을 정해 기도하는 것이 무익하다는 뜻이 아니다. 실제 삶에서 쉬지 않고 기도하는 사람이라면 문제 없지만 기도를 하지 않는 사람들이 만일 그런 마음을 갖고 있다면 정말로 한순간도 기도하지 않는 삶을 살 수 있다. 그것이 세상 중력을 벗어나기 힘든 사람들의 자연적 흐름이다.

요즘 조국 교회에서 '한 시간 기도 운동'이 왕성하게 펼쳐지고 있다고 한다. 참 기쁜 소식이다. '한 시간'이라는 특정한 목표를 설정하는 경우, 사람들은 그 목표에 다다르기 위해 다른 것을 조금이라도 희생하며 기도 시간을 낼 수 있다. 한 시간이라는 목표가 있는 것과 없는 것 사이에는 목표 달성이라는 측면에서 큰 차이가 있다. 이 한 시간 기도는 주님이 제자들에게 하신 말씀에서 유래됐다. 겟세마네 동산에서 홀로 성부 하나님께 필사의 기도를 드리고 돌아온 예수님이 자고 있던 제자들에게 하신 것으로 핀잔일 수도, 강한 비난일 수도 있는 말씀이다.

"그리고 제자들에게 와서 보시니, 그들은 자고 있었다. 그래서 베드로에게 말씀하셨다. '이렇게 너희는 한 시간도 나와 함께 깨어 있을 수 없느냐?'"(마 26:40, 새번역)

이 내용은 마가복음 14장 37절에도 동일하게 나온다. 주님이 '한 시간도'라고 말씀하신 것은 그것이 주님 생각하시기에 인간이 기도할 수 있는 최소 단위이기 때문이다. 그분은 모든 사람이 최소한 한 시간 정도는 깨어 기도할 수 있다고 생각하셨을 것이다. 아마 베드로와 제자들은 예수님이 기도하시던 동안 한 시간은커녕 10분도 기도하지 않았을 것이다. 그들은 너무나 육체적으로 고단했을지도 모른다. 기도하려는 마음은 있었지만 육체가 따라주지 않았을 수 있다. 예수님을 따랐던 제자들 역시 중력을 거부하며 살기 힘들었을 것이다.

이것은 비단 베드로와 제자들만의 문제는 아니다. 우리 모두의 문제다. 우리 역시 제자들처럼 잠시도 기도하지 못하는 경우가 많다. 교회에 나가 10분 동안 기도해 보라. 사실 10분은 생각하기에 따라 긴 시간이다. 복싱이나 격투기 경기에서 10분은 너무나 긴 시간이다. 마음에 생각나는 한두 가지를 기도하다 보면 더 이상 기도할 거리가 생각나지 않는다. 기도자의 인간적 결함, 죄성이 기도를 가로막는다. 그래서 한 시간 기도는 쉽지 않다. 10분을 기쁘게 기도할 수 있는 사람이 20분, 30분, 한 시간을 기쁘게 기도할 수 있다.

한 시간 기도는 솔직히 믿는 자들의 자존심이라고 할 수 있다. 적어도 크리스천이라면 하루의 24분의 1은 하나님과 집중적인 대화를 하는 데 드려야 한다. 조용히, 은밀한 곳에서 한 시간 동안 마음을 쏟아부으며 하나님과 대화를 해보라. 그러면 놀라운 새 힘이 용솟음 칠 것이다. 하나님과 깊은 사랑을 나누고 있다면 그 한 시간이 너무나 빨리 지나간다는 것을 느낄 것이다. 기도가 참으로 쉬운 것이라는 사실을 체험하며 '아, 내가 그동안 왜 기도하지 않았지'라는 생각을 하게 된다. 기도는 의무나 무거운 짐, 숙제가 아니다. 하나님께 마음을 토로하는 것이다. 그분과 깊이 교제하는 것이다. 내 자연적 습성을 내려놓고, 겸손히 하나님의 날개 안에 거하는 것이다. 거기에 참된 쉼이 있다.

나도 처음엔 믿음 생활을 하면서 한 시간은커녕 몇 분도 기도하기 어려웠다. 도무지 기도할 제목이 생각나지 않았다. 그럼에도 감사한 것은 기도의 자리에 기를 쓰고 나갔다는 사실이다. 그것은 내 자연적 본성을 거스른 일이지만 나는 해병대 훈련을 받는다 생각하며 기도의 자리에 나갔다. 그 훈련을 지속하면서 어느 순간, 내가 한 시간 이상 기도하고 있다는 사실을 알게 됐다. 놀라운 일이었다. 기도의 제목이 넓고 깊어지면서 기도해야 할 사항이 많아졌다. 점점 기도의 시간이 부족하게 느껴졌다. 그래서 시간을 조금씩 늘리기 시작했다. 미국에서는 집에서 직장까지 긴 시간 운전을 해야 하는 경우가 많기에 차 안에서 마음을 정해 기도했다. 어떤 날에는 8시간 이상 기도했음에도 시간이 부족함을 느끼기도 했다. 하나님이 내 기도를 듣는다고 생각하니 점점 기도가 즐거운 작업이 됐다. 처음에는 훈련으로, 의무감으로 시작했지만 기도를 거듭하다 보니 의무감은 즐거움으로 바뀌게 됐다. 기도하지 않고 하루를 시작하거나 마감하는 것은 상상하기 힘들었다. 기도가 완전히 생활화된 것이다. 10분, 20분, 한 시간 기도를 함으로써, 나는 점점 쉬지 않고 기도할 수 있게 되었다. 물론 아직도 나는 기도를 배우는 학생이라는 마음으로 겸손히 기도의 자리에 나가고 있다. 그 기도의 시간에 나는 참된 안식을 경험한다.

중요한 것은 지금 당장, 우리가 있는 곳에서 기도하는 것이다. 요즘 스마트 폰을 활용해 기도 시간을 체크할 수 있다. 하루를 시작하면서 기도를 계획하며 디자인해야 한다. 물론 매주, 매달, 매년, 기도 계획을 세우면 더 좋다. 그 모든 시작이 '한 시간 기도'라고 생각한다. '한 시간 동안 기도하기'는 누구나 노력하면 도달할 수 있다. 조국 교회는 물론 해외 한인 교회에서 '한 시간 기도 운동'이 더욱 널리 퍼질 수 있기 바란다.

4. 말씀으로 기도하라

지속적이면서도 구체적으로 기도할 수 있는 가장 좋은 방법 가운데 하나가 '말씀으로' 기도하는 것이다. 하나님은 우리에게 성경을 통해 말씀을 주셨다. 성경은 우리 삶의 지침서이다. 영적·육적인 지혜가 그 속에 모두 들어 있다. 언어에는 힘이 있다. 말이 내뱉어질 때 일반적 단어에 생기가 부어진다. 입으로 나오는 말이 역사를 하기 시작한다. 기도를 잘하기 위해서는 기도 속에 본질이 들어 있어야 한다. 말씀이 본질이다. 하나님의 말씀은 모든 것들을 소멸하는 불이며, 우리 길을 비춰주는 등불이다. 말씀은 우리를 풍요롭게 해주는 금과 같으며 우리 마음을 찔러 쪼개고 어둠의 세력과 싸워 이기게 하는 검이다. 말씀은 모든 시대를 관통해 늘 생생하게 살아 있다.

"하나님의 말씀은 살아 있고 활력이 있어 좌우에 날선 어떤 검보다
도 예리하여 혼과 영과 및 관절과 골수를 찔러 쪼개기까지 하며 또
마음의 생각과 뜻을 판단하나니"(히 4:12)

하나님은 말씀을 통해 우리를 변화시킨다. 기도 속에 말씀이 들
어 있을 때, 그 기도는 더욱 강하게 역사하게 된다. 성경과 교회사를
읽어보면 믿음의 사람들은 언제나 말씀으로 기도해왔다는 사실을
알 수 있다. 수천 년 동안 하나님의 종들은 공동체 구성원들과 함께
말씀을 큰 소리로 함께 읽으며 기도해왔다. 여호수아는 이스라엘 사
람들에게 이렇게 강조했다.

"이 율법책을 네 입에서 떠나지 말게 하며 주야로 그것을 묵상하여
그 안에 기록된 대로 다 지켜 행하라 그리하면 네 길이 평탄하게 될
것이며 네가 형통하리라."(수 1:8)

긴 세월 동안 유대인들은 성전이나 회당, 혹은 집에서 하루에 세
시간 남짓 토라를 읽으며 기도했다. 말씀을 읽고 그 말씀으로 기도
하는 것은 유대인들의 전통이며 전 세계에 흩어져도 자신들의 정체
성을 지닐 수 있었던 비결이었다. 유대인이었던 예수님은 물론 베드
로 요한 등 제자들도 그같이 토라를 읽으며 기도했을 것이다.

하나님이 생기를 불어넣으신 성경의 말씀은 그 자체가 성령의 언
어이자 기도의 언어다. 기도를 왜 하는가? 하나님의 뜻을 구하고 그

뜻을 선포하기 위함이다. 하나님의 뜻은 다양한 방법을 통해 우리에게 전달되지만 가장 기본적으로는 성경에 나타나 있다. "나는 정말 하나님의 뜻이 무엇인지 모르겠어요"라면서 신앙 상담을 하는 사람들이 있다. 말씀을 읽지 않았기 때문에 하나님의 뜻을 깨닫지 못하는 것이다. 하늘의 뜻을 알고, 그 뜻이 이 땅에 이뤄지도록 하기 위해서는 성경 말씀을 읽어야 한다. 읽는 것으로 그치지 않고 그 말씀을 선포하며 기도해야 한다. 말씀이 기도의 내용이 되며 기도를 통해 선포된 말씀이 개인은 물론, 공동체와 나라, 열방을 살린다. 그래서 지난 교회 역사에서 믿음의 선배들은 한결같이 성경 말씀을 통해 기도하라고 강조했던 것이다.

청교도 신학자인 매튜 헨리는 "하나님께서 응답하시는 기도는 말씀으로 기도하는 것"이라고 단언한다. 그는 이같이 말했다. "하나님의 말씀과 일치하는 기도를 계속해서 드리다 보면 여러분이 하늘 아버지와 사귐을 가질 때에 낙심하는 일이 거의 없을 것이다. 왜냐하면 여러분의 마음이 계속하여 하나님의 마음과 일치하기만 한다면 그분께서는 더더욱 기꺼이 여러분이 구하는 것보다 더 많은 것을 주시고자 하시기 때문이다."

기도의 사람인 앤드류 머레이가 말한 말씀과 기도의 상관관계에 대한 내용도 깊이 음미할 만하다.

"기도와 말씀은 절대로 나누어질 수 없도록 서로 연결되어 있다. 말씀은 나에게 기도를 위한 안내자로서 하나님께서 나를 위해 무슨 일을 하실 것인지에 대해 말해준다. 말씀은 나에게 기도의 오솔길을 보여주면서 어떻게 하나님께로 나아가야 하는지를 알려준다. 말씀은 기도할 수 있는 힘을 주고, 내가 들은 것들을 확신하고 받아들일 수 있는 용기를 준다. 또한 말씀은 하나님께서 나에게 행하시는 일들을 가르쳐줌으로써 기도에 대한 응답을 가져온다. 이와 마찬가지로, 기도는 하나님 자신에게서 흘러나오는 말씀을 받아들일 수 있도록, 영적인 이해에 이르는 성령의 가르침을 깨달을 수 있도록, 하나님의 뜻을 실행하는 믿음을 가질 수 있도록 마음을 준비시킨다."

나는 매튜 헨리와 앤드류 머레이의 말에 전적으로 동감한다. 나는 기회 있을 때마다 하나님의 말씀에 의지한 기도만이 하늘에 이를 수 있으며 응답을 받을 수 있다고 강조해 왔다. 우리는 하나님의 말씀인 성경을 읽고 묵상해야 하며 말씀에 의지해 기도해야 한다. 말씀으로 기도하는 것은 어느 정도 신앙의 깊은 단계에 들어간 사람들만의 전유물이 아니다. 누구나 할 수 있다. 기도는 대화이기에 어떤 형식이건 상관없다. 성경을 펼쳐 읽으며 말씀대로 기도하면 된다. 때로는 대화하듯, 때로는 부르짖듯, 때로는 기뻐하며, 때로는 비통함을 안고 기도할 수 있다.

말씀을 통해 기도하는 유익 가운데 하나는 중언부언하지 않게 된다. 초점이 있는 기도를 드리게 된다. 주님도 중언부언하는 기도를 드리지 말라고 권면하셨다.

"또 기도할 때에 이방인과 같이 중언부언하지 말라. 그들은 말을 많이 하여야 들으실 줄 생각하느니라. 그러므로 그들을 본받지 말라.

구하기 전에 너희에게 있어야 할 것을 하나님 너희 아버지께서 아시느니라."(마 6:7~8)

말씀으로 기도하기 위해서는 성경이 머릿속에 들어와야 한다. 이를 위해 특별히 성경 읽기와 관련해 말씀을 속독으로 읽는 것을 소개하고 싶다. 믿음의 삶을 살기 시작한 이후부터 나는 성경을 어떻게 읽어야 하는지 고심을 거듭했다. 한 절 한 절씩 묵상하며 읽어보기도 했다. 솔직히 바쁜 일과 가운데 몇 장을 집중하며 읽기가 쉽지 않았다. 그래서 속독을 해보았다. "어, 성경을 속독으로 읽는다고? 각 구절마다 깊은 묵상을 해야 깨달음이 오는 것이지 그저 속독으로 성경을 때우듯이 읽는 것이 무슨 소용이 있어"라고 힐난하는 사람들도 있었다. 그러나 하나님이 주신 인간의 눈과 두뇌를 최대한 개발한 속독의 결과는 놀라웠다. 지금 나는 미국 LA와 오렌지카운티의 'Sunrise Community Clinic'이라는 희망센터에서 성경 속독반을 운영하고 있다. 정말 믿기지 않을 정도로 놀라운 열매를 맺고 있다.

속독으로 성경을 읽을 때, 한 번만으로는 전혀 표가 나지 않는다. 적어도 30번 이상 읽어야 약간 표가 난다. 300번 정도 읽으면 확 달라져 있는 것을 발견하게 된다. 속독은 집중력 훈련이자 두뇌 훈련이다. 매일 20분 정도 집중적으로 훈련하면 큰 성과를 기대할 수 있다.

속독으로 하루 1시간씩 10일이면 성경 일독을 할 수 있다. 1년에 30번 완독하는 셈이다. 처음 1년 동안 30번 완독하면 '내가 성경을 완독했구나'라는 자부심과 성경 전체에 대한 희미한 기억만 있을 뿐이다. 그러나 그 다음 1년에 30번을 다시 완독하게 되면 감이 잡힌다. 이렇게 120독을 하면 놀라운 일이 벌어진다. 성경의 체계가 잡히고 맥을 잡게 되는 것이다. 어느 구절의 말씀이 어느 책, 즉 창세기나 말라기, 마태복음이나 요한계시록 등에 있다는 것을 알게 된다. 이때부터는 성경의 말씀에 의지한 기도를 자유자재로 할 수 있다.

성경 속독을 위해 꼭 지켜야 할 것들이 있다. 가장 먼저, 속독을 하기 전에 기도를 해야 한다. 기도를 통해 성령의 도우심을 간절히 구해야 한다. 다음으로는 절대 집중을 하는 것이다. 속독하는 가운데 잡념이 있어서는 안 된다. 1시간 동안, 아무 잡음이 없는 곳에서 절대로 한눈을 팔지 말고 성경 읽기에만 집중해야 한다. 혼자 기도할 때처럼 조용한 곳이어야 집중할 수 있다. 또 한 가지 중요한 사항은 눈으로만 읽어야 한다는 점이다. 속 발음을 해서는 절대로 안 된다. 물론 순간적으로 말씀이 가슴에 와 닿을 때에는 잠시 멈춰 묵상할 수도 있다. 또한 책장을 넘길 때, 엄지와 검지 두 손가락으로만 밀어서 넘겨야 한다.

희망센터에서 운영하는 성경 속독반에서는 1기에 20명씩 6개월간 훈련을 실시한다. 참가자들은 1주일에 한 번 2시간 30분씩, 전체로는 65시간 동안 훈련을 받는다. 이런 속독 훈련이 남가주는 물론 한국 교회에도 확산되기를 바란다.

결국 가장 중요한 것은 어떤 방법으로든 생명의 말씀을 읽고, 그 말씀으로 기도하는 것이다. 말씀에 길이 있고, 생명수가 흐른다. 그 말씀의 물을 마시는 자마다 살아나는 역사가 일어난다. 오늘 당장 성경을 펴서 하나님의 영감으로 쓰인 말씀을 붙잡고 기도하자. 갑자기 무미건조했던 삶에 약동하는 생기가 흐를 것이다.

헤른후트 마을의 상징인 '헤른후트의 별'

기도수업

5. 금식하며 기도하라

금식 기도는 일반적인 음식을 모두 끊고 기도하는 것이다. 84세의 과부로 주야로 금식하며 기도했던 안나 선지자처럼 육체의 즐거움을 억제하고 영을 맑게 하여 하나님과 대화하는 교제의 행위다.

"과부가 되고 팔십사 세가 되었더라. 이 사람이 성전을 떠나지 아니하고 주야로 금식하며 기도함으로 섬기더니"(눅 2:37).

금식 기도는 해답이 오직 하나님으로부터만 온다는 사실을 인식, 생명을 걸고 하나님께 문제를 온전히 맡기는 신앙 행위다. 금식은 어둠의 세력들을 결박하는 기도다. 그래서 예수님은 금식의 중요성에 대해 여러 번 강조하셨다. 주님도 세례받으신 후에 40일간 금식하셨다. 사도 바울을 비롯해 성경의 인물들은 금식 기도를 통해 난

관을 헤쳐나갔다.

하나니의 전갈을 통해 예루살렘의 극심한 형편을 들은 느헤미야는 통곡하며 금식으로 기도했다.

"내가 이 말을 듣고 앉아서 울고 수일 동안 슬퍼하며 하늘의 하나님 앞에 금식하며 기도하여"(느 1:4)

다니엘도 수시로 금식하며 기도했을 것이다.

"내가 금식하며 베옷을 입고 재를 덮어쓰고 주 하나님께 기도하며 간구하기를 결심하고"(단 9:3)

다윗은 죽음이 예고된 아들을 살리기 위해 일주일간 금식하며 기도했다.

"다윗이 그 아이를 위하여 하나님께 간구하되 다윗이 금식하고 안에 들어가서 밤새도록 땅에 엎드렸으니 그 집의 늙은 자들이 그 곁에 서서 다윗을 땅에서 일으키려 하되 왕이 듣지 아니하고 그들과 더불어 먹지도 아니하더라."(삼하 12:16~17)

이들뿐 아니라 엘리야, 에스더, 에스라, 세례 요한 등 수많은 성경 속 인물들이 절실한 기도의 제목을 놓고 금식했다. 성경에는 개인뿐 아니라 국가적 위기를 맞아 온 공동체가 금식하며 기도하는 경우도 많이 나온다.

"그들이 미스바에 모여 물을 길어 여호와 앞에 붓고 그 날 종일 금식 하고"(삼상 7:6)

기도와 금식은 모세의 율법 아래에서 이스라엘 백성에게 부과된 의무이기도 하다. 그래서 지금도 정통 유대인들은 정기적으로 금식을 선포하고 기도한다. 금식은 극심한 금욕주의의 발로이거나 음식을 제한함으로써 자신의 몸을 학대하는 행위가 아니다. 금식을 통해 영이 우리의 혼을 제어하도록 함으로써 주님의 뜻을 이뤄나가는 것이다. '육에 배부른 인생'이 아니라 '영에 배부른 인생'이 되기 위해 금식한다. 금식을 통해 우리가 몸의 지배를 받는 것이 아니라 영의 지배를 받는다는 사실을 선포한다.

사역 가운데 금식을 특히 강조한 데렉 프린스 목사는 이렇게 말했다. "우리는 소화기관과 식욕을 지닌 우리의 몸을 사나운 주인이 아닌 충실한 종으로 만들어야 한다. 우리에게는 항상 몸을 복종시켜야 할 의무가 있다. 그래서 우리는 금식해야 한다."

몸을 복종시키는 금식은 결코 쉽지 않다. 원초적 욕망과 자아를 죽이는 결단이 필요하다. 사실 식욕은 가장 강력한 인간의 욕구다. 제어하기 어렵다. 이 시대 사람들은 배고픔을 못 견딘다. 배불러도

식욕이 돌면 먹는다. 지구상 모든 생물 가운데 배불렀는데도 먹는 것은 인간뿐이라는 소리도 있지 않은가. 사실 요즘처럼 먹거리가 풍성한 시대에 금식은 결코 쉽지 않다. 도처에서 '먹기 위해 사는' 사람들이 넘쳐난다. TV에서는 '먹방 프로그램'이 인기다. 이런 시대에 금식은 어렵고 어리석은 행위처럼 보일 것이다. 그럼에도 신자들에게 금식은 나를 버리고, 하나님을 얻는 가장 강력한 도구다. 지금도 여전히 전 세계 곳곳에서 금식을 통해 영적 돌파를 거두는 일들이 넘쳐나고 있을 것이다.

금식할 때에는 육체적으로 힘들고 특히 영적 공격이 심하다. 그래서 금식하는 자를 위한 중보 기도자가 필요하다. 반드시 기도 파트너를 구해 동일한 마음을 갖고 중보하도록 부탁해야 한다. 금식은 또한 신체적인 훈련이다. 그래서 절대로 건강에 자만해서는 안 된다. 금식하다가 세상을 떠난 분들도 있다. 금식 전에 병원에서 건강 체크를 받아야 한다. 그래서 충분히 건강하다는 확증 하에 금식 기도를 하는 것이 필요하다. 무엇보다 마음 준비가 중요하다. 마음으로 철저한 준비가 되어 있지 않거나, 조금이라도 영적 자부심을 위해 금식하려 한다면 차라리 하지 않느니만 못한 결과를 가져올 수 있다. 하나님은 이사야 58장 6~8절에서 특별히 자신이 기뻐하는 금식이 있다고 말씀하셨다. 이 구절은 성경 가운데 금식에 대해 언급된 가장 유명한 성경 말씀이라고 할 수 있다.

"내가 기뻐하는 금식은 흉악의 결박을 풀어 주며 멍에의 줄을 끌러

주며 압제 당하는 자를 자유하게 하며 모든 멍에를 꺾는 것이 아니 겠느냐. 또 주린 자에게 네 양식을 나누어 주며 유리하는 빈민을 집 에 들이며 헐벗은 자를 보면 입히며 또 네 골육을 피하여 스스로 숨 지 아니하는 것이 아니겠느냐. 그리하면 네 빛이 새벽 같이 비칠 것 이며 네 치유가 급속할 것이며 네 공의가 네 앞에 행하고 여호와의 영광이 네 뒤에 호위하리니"(사 58: 6~8)

이 구절 전에는 하나님이 싫어하는 금식의 모습이 나온다. 금식 하는 날에 오락을 찾으며, 금식하면서도 다투고 싸우는 것 등을 지 적하면서 그런 금식은 자신의 목소리를 상달시키려는 인간적 노력 에 불과하다고 말하셨다. 이사야 58장 6~8절에는 하나님이 기뻐하 시는 금식의 모습이 나온다. 흉악의 결박과 무거운 멍에의 줄을 풀 어주는 금식, 압제 당하는 자를 자유하게 하는 금식, 모든 멍에를 꺾 어 주는 금식, 주린 자에게 식물을 나눠주며 유리하는 빈민을 집에 들이는 금식, 사람들의 모습이 새벽 같이 비치는 금식, 급속히 치유 되는 금식, 여호와의 영광의 호위를 받는 금식 ….

하나님은 분명 금식을 강조하셨다. 그분은 금식을 통해 자녀들이 자신에게로 돌아오기를 간절히 원하셨다. 선지자 요엘을 통해서 하 신 말씀에서 그분의 의도가 분명히 드러난다.

"여호와의 말씀에 너희는 이제라도 금식하고 울며 애통하고 마음을 다하여 내게로 돌아오라."(욜 2:12)

금식 기도를 하는 가장 큰 목적은 하나님께 돌아가기 위함이다. 돌이켜, 그분의 집으로 가기 위한 금식, 자신은 물론 가족과 성도, 민족이 하나님께로 돌아가게 하기 위한 금식을 하나님이 기뻐하신다. 그래서 크리스천들의 금식은 철저히 하나님께 초점을 맞춘다. 이것이 자기의 깨달음과 완성을 위해 금식과 금욕을 하는 다른 종교들과 기독교를 구분 짓는 결정적 요소 가운데 하나다.

한국 교회는 금식 기도를 통해 부흥한 교회다. 각 교회는 물론 오산리 기도원을 비롯해 수많은 기도원에서 목회자와 성도들이 개인과 교회, 민족의 문제를 놓고 금식하며 기도했다. 정해진 시간 동안 금식하며 자기를 복종시키고 주님의 뜻을 구했다. 한국 교회 목회자들 가운데에는 금식을 통해 영적으로 승리의 사역을 펼친 분들이 많다. '40일 금식 기도'는 주의 종이라면 한 번은 해야 하는 것으로 알았다. 한국 교회 성장의 원동력 가운데 금식 기도를 빼놓을 수 없다. 금식하며 기도할 때마다 하나님은 응답하셨다. 그래서 지금 한국의 안전과 번영은 금식하며 기도한 수많은 믿음의 사람들의 헌신 덕분이라고 할 수 있다. 나는 이 같은 금식 기도의 전통이 한국 교회 내에 다시 확산될 수 있기를 소망한다. 나 역시 부족하지만 수시로 금식하며 하나님의 뜻을 구하고 있다. 점점 더 나를 위한 금식보다는 이웃을 위한 금식의 시간이 늘어나고 있음을 감사한다.

기도수업

6. 감사하며 기도하라

나는 인생에서 가장 중요한 요소 중의 하나가 감사라고 생각한다. 살아가면서 이 생각은 더욱 확신으로 다가온다. 행복하려면 감사해야 한다. 소유는 어느 정도의 규모가 되면 더 이상 행복감을 증진시켜주지 않는다. 소유의 크기가 행복의 크기를 결정 짓는 것이 아니란 뜻이다. 그러나 감사는 다르다. 감사하면 행복해진다. 감사는 더 하면 더 할수록 더 행복해진다. 그러므로 감사의 크기가 행복의 크기다. 긍휼을 베푸는 것도 감사하는 마음이 있어야 가능하다. 감사하지 못한 가운데 행해지는 모든 구제는 자기 의의 발로로 결국 헛된 것이 된다.

크리스천들에게 감사는 하나님이 누구신지에 대해 영광을 돌리는 것이다. 성경 전체, 특히 시편은 감사로 충만하다. 시편 기자들은 "여호와 나의 하나님이여 내가 주께 영원히 감사하리이다"(시

30:12)와 같이 감사를 입에 달고 산다. 시편 구절구절마다 감사라는 말이 넘친다. 성경은 감사의 언어로 가득 차 있다. 성경의 인물들은 한결같이 하나님께 감사하는 감사의 사람들이었다. 예수님도 감사의 사람이었다. 이 땅에 계실 때에 하늘 아버지께 늘 감사하며 살았다.

"천지의 주재이신 아버지여 이것을 지혜롭고 슬기 있는 자들에게는 숨기시고 어린 아이들에게는 나타내심을 감사하나이다."(눅 10:21)

성자 하나님은 성부 하나님께 늘 감사를 표했다. 사도 바울도 교회들에 보낸 편지에서 구구절절 감사를 표현한다. 감사는 개인의 삶을 풍요롭게 해주는 것은 물론 초자연적인 능력을 풀어내는 열쇠가 되기도 한다. 오병이어의 기적이나 죽은 나사로를 살리는 기적 이전에 감사가 있었다. 불가능한 상황 속에서 드리는 감사가 초자연적인 능력을 풀어내어 주는 것이다. 성경 속 감사의 구절들을 몇 개 살펴본다.

"범사에 감사하라. 이것이 그리스도 예수 안에서 너희를 향하신 하나님의 뜻이니라."(살전 5:18)
"감사함으로 그의 문에 들어가며 찬송함으로 그의 궁정에 들어가서 그에게 감사하며 그의 이름을 송축할지어다."(시 100:4)
"범사에 우리 주 예수 그리스도의 이름으로 항상 아버지 하나님께

기도수업

감사하며"(엡 5:20)

"아무 것도 염려하지 말고 다만 모든 일에 기도와 간구로, 너희 구할 것을 감사함으로 하나님께 아뢰라."(빌 4:6)

"여호와께 감사하라 그는 선하시며 그 인자하심이 영원함이로 다."(시 107:1)

어떤 경우에도 감사는 선한 결과를 가져온다. 감사를 받은 사람은 그 감사로 인해 기뻐한다. 마땅히 감사할 일뿐만 아니라 감사할 수 없는 상황에서도 감사하는 사람으로부터 많은 감동을 받는다. 하나님 역시 감사를 받으시기를 원하신다. 하나님은 만군의 주이며 창조주이시지만 피조물로부터 감사받기를 즐거워하신다. 그러나 이 세상에는 마땅히 감사해야 하는데도 감사하지 못하는 사람들이 많다. 예수님이 고치신 열 명의 나병 환자들을 생각해보라. 열 사람 모두가 치유를 받았지만 돌아와서 감사를 표한 사람은 단 한 명뿐이었다. 예수님은 감사한 그 한 명의 사마리아인으로 인해 크게 기뻐하셨지만 감사하지 못한 아홉 명으로 인해 슬퍼하셨다. 인간들과 마찬가지로 성부와 성자 하나님도 감사를 받기 원하신다.

나는 "기도를 계속하고 기도에 감사함으로 깨어 있으라"는 골로새서 4장 2절 말씀을 좋아한다. 감사 기도를 지속하라는 말이다. 믿음의 반대는 염려다. 사실 감사할 사항보다 염려할 사항이 많아 보이는 것이 인생이다. 스캇 펙은 명저 '아직도 가야할 길' 초입에 "인생은 고(苦)·Life is difficult"라고 했다. 맞는 말이지만 감사로 그 고통의 길을 기쁨의 길로 바꿀 수 있는 것 또한 인생이다. 만군의 주님이 우리의 공급자 되신다는 사실을 믿는 자들에게 염려란 있을 수 없다.

요즘은 모르겠지만 과거 한국 각 가정에는 삶에 지친 백발의 한 미국 노인이 빵 한 조각과 수프, 성경을 앞에 두고 두 손 모아 감사기도를 드리는 사진이 걸려 있었다. 이 그림의 원판이 된 사진을 찍은 사람은 에릭 엔스트롬(1875~1968)이라는 사진사였다. 그는 미국 미네소타 주 보베이라는 작은 탄광촌에서 사진관을 운영했다. 어느 날 세상사에 지쳐 보이던 한 남루한 노인이 신발 털개를 팔러 사진관에 들어왔다. 지치고 시장해 보인 그 노인을 위해 엔스트롬은 소박한 빵과 수프를 대접했다. 그 노인은 그 빵과 수프를 앞에 두고 손 모아 감사의 기도를 드렸다. 그 모습을 보고 엔스트롬은 깊은 감동을 받았다. 작은 것에도 감사하는 그 노인이야말로 진정 큰 사람이라는 사실을 깨달았다. 그는 그 자리에서 사진을 찍었다. '은혜', 또는 '감사 기도'란 이름의 이 사진은 그해 미네소타 주의 사진으로 선정되었다. 엔스트롬의 딸로 화가인 로다 엔스트롬 나이버그가 그 사진을 유화로 그렸고 그 그림이 전 세계로 퍼져 우리에게까지 온 것이다.

우리는 거창한 것에만 감사하는 것이 아니다. 내게 주어진 소박한 것들을 감사하는 사람이 진정 큰 사람이다. 누구나 작은 것에 감사할 수 있는 것이 아니다. 오직 기도에 감사함으로 깨어 있는 사람만이 주어진 소박한 것들을 감사할 수 있다. 사도 바울은 아무것도

기도수업

염려하지 말고 오직 모든 일에 기도와 간구로 구할 것을 감사함으로 하나님께 아뢰라고 했다. 우리 염려를 하나님께 내어 맡긴 사람은 진심으로 감사할 수 있다. 문제와 염려가 있다면 감사함으로 기도하며 그것들을 주님께 맡기시라. 그러면 그때부터 주님이 바빠지신다. 그 염려와 문제가 주님의 것이 되기 때문이다. 그리고 그분은 능력자이시기에 그 모든 염려거리를 해결해 주신다.

"너희 염려를 다 주께 맡기라. 이는 그가 너희를 돌보심이라."(벧전 5:7)

이 말씀을 믿어야 한다. 그러면 우리는 '염려 제로'의 삶을 살 수 있다. 우리가 기도할 때 가져야 할 것은 염려하지 않는 믿음이다. 감사하는 사람은 절대로 우울증에 걸리지 않는다. 그에게 염려란 있을 수 없기 때문이다.

감사는 습관이며 훈련으로도 계발될 수 있다. 우리 주변을 돌아보면 감사할 것이 널려 있다. 일상을 지탱해주는 소소한 것을 감사하는 습관을 지녀야 한다. 나는 아내를 살려주신 하나님께 감사한다. 비록 온전치 못하지만 살아 준 것 자체가 내게는 무한한 감사의 제목이다. 자녀로 인해 감사한다. 직장을 주신 것에 감사한다. 나를 위해 헌신하는 직원들로 인해 감사한다. 교회 공동체를 주심을 감사한다. 도울 수 있는 이웃을 바라보며 감사한다. 새로운 벗들을 허락해 주심을 감사한다. 감사하다 보면 한이 없다.

요즘 한국에 '오 감사 운동', '백 감사 운동'이 펼쳐지고 있다고 한다. 정말 감사할 일이다. 하루에 다섯 가지씩 감사하다 보면 어느덧 백 개의 감사를 하는 자신을 발견할 것이다. 감사는 전염성이 있다. 감사하는 사람을 친구로 두라. 감사하는 친구가 있음을 감사하라.

매일 잠에서 깨어나자마자 감사하자. "감사합니다. 하나님"이라고 외치자. 그리고 만나는 사람에게 "감사합니다"라고 해보자. 반드시 "네, 저도 감사해요"란 말이 되돌아올 것이다. 기도할 때도 마찬가지다. 하나님께 먼저 "감사합니다"라고 고백하자. 하나님이 그 간단한 말에 빙그레 웃으실 것이다. 감사하면 행복해진다. 우리 서로 행복하자. 돈 한 푼 들지 않는다. 마음으로, 입으로 감사하면 된다. 감사로 내 인생을 풍성하게 물들이자. 평생 감사하는 인생이 되자.

7. 찬양하며 기도하라

"찬양하라, 내 영혼아/ 찬양하라, 내 영혼아/ 내 속에 있는 것들아,
다 찬양하라"

내가 즐겨 부르는 찬양곡이다. 이 찬양을 반복해서 부르다 보면
내 영이 살아 올라가는 것을 느낀다. 이 찬양을 부르며 기도할 때 나
의 기도가 하나님의 코에 향기가 되어 올라가는 것 같다. 시편 기자
의 이 고백이 나의 고백이며 소망이다.

"여호와여 내가 주를 불렀사오니 속히 내게 오시옵소서. 내가 주
께 부르짖을 때에 내 음성에 귀를 기울이소서. 나의 기도가 주의 앞
에 분향함과 같이 되며 나의 손 드는 것이 저녁 제사 같이 되게 하소
서."(시 141:1~2)

감사와 쌍둥이처럼 함께 하는 요소가 찬양이다. 살아있는 모든 피조물은 하나님께 찬양과 경배를 돌린다. 시편 150편은 모든 경우에 찬양할 것을 강조하면서 호흡이 있는 자마다 찬양해야 한다고 끝을 맺는다.

"할렐루야 그의 성소에서 하나님을 찬양하며 그의 권능의 궁창에서 그를 찬양할지어다. 그의 능하신 행동을 찬양하며 그의 지극히 위대하심을 따라 찬양할지어다. 나팔 소리로 찬양하며 비파와 수금으로 찬양할지어다. 소고 치며 춤 추어 찬양하며 현악과 퉁소로 찬양할지어다. 큰 소리 나는 제금으로 찬양하며 높은 소리 나는 제금으로 찬양할지어다. 호흡이 있는 자마다 여호와를 찬양할지어다."

우리는 온 마음을 다해 날마다, 영원히 주님을 찬양해야 한다. 손을 높이 들고, 입술을 열어, 춤을 추며 찬양해야 한다. 찬양은 우리의 기도를 강력하게 만들어 준다. 찬양에는 확실히 뭔가가 있다. 개인의 믿음을 고양시켜 줄 뿐 아니라 영적 돌파를 가능하게 해준다. 우리의 대적이 가장 싫어하는 것은 찬양하며 기도하는 소리일 것이다. 찬양하며 감사로 기도할 때에 대적의 견고한 진은 분열된다. 틈이 보이기 시작한다. 찬양과 감사로 우리는 이미 예수 그리스도께서 이기신 싸움의 승리를 다시 한번 만끽하게 된다. 그때 원수들은 갈바를 알지 못하며 어쩔 줄 몰라 한다.

모든 기도에는 찬양이 들어가 있다. 기도는 하나님과의 대화이며 그분의 지극한 사랑에 대해 우리가 반응하는 것이다. 하나님의 살아 계심과 그분의 사랑을 느낀다면 감사로 찬양을 드리지 않을 수 없다.

기독 영성가인 리처드 포스터는 "찬양은 기도의 한 특별한 형태가 아니다"라면서 "찬양은 기도가 호흡하는 공기요, 기도가 헤엄치는 바다라고 할 수 있다"고 했다. 그는 감사는 하나님께서 우리에게 행하신 일에 대해 영광을 돌리는 것이고, 찬송은 본질적으로 하나님이 누구신가에 대해 영광을 돌리는 것이라고 정의했다.

따라서 감사와 찬양은 분리할 수 없다. 찬양과 감사, 경배와 기도는 모두 연결되어 있다. 감사하며 찬양하고, 찬양하며 기도한다. 그 감사와 찬양의 기도는 향기가 되어 하나님께 올라간다.

우리는 어떤 경우에도 찬양의 기도를 드릴 수 있다. 심지어 감옥에서도 찬양하며 기도할 수 있다. 누구도 이것을 막을 수 없다.

빌립보 감옥에 갇힌 바울과 실라는 한밤중에 찬송하며 기도했다. 그 찬양의 기도 소리는 죄수들도 들을 수 있었다. 찬양하며 기도할 때, 초자연적인 기적이 일어난다. 바울과 실라가 찬양으로 기도할 때, 큰 지진이 나서 감옥 문이 열리고 그들을 묶은 차꼬는 벗겨졌다. 찬양의 기도는 우리를 묶은 모든 것으로부터 자유롭게 할 수 있다. 하나님을 높이 찬양하는 행위 자체가 우리의 기도를 강력하게 해준다.

이 시대 최고의 기독 변증가였던 C. S. 루이스는 찬양의 중요성을 누구보다도 강조했다. 그는 호흡이 있는 자마다 찬양을 해야 한다고 성경에 기록되어 있지만 여러 방해 요소들로 인해 찬양하기가 쉽지는 않다고 언급했다. 그는 하나님의 일하시는 손길을 망각하는 영적 부주의함, 하나님의 섭리 대신 다른 것들에 치중하는 것, 끝없는 탐심, 교만 등이 찬양을 방해한다고 지적했다. 반대로 이런 것들에서 자유로울 때 우리는 찬양하며 기도하는 영역으로 들어갈 수 있다고 했다.

요즘은 누구나 쉽게 찬양을 듣고 찬양할 수 있다. 유튜브만 열어도 주옥같은 찬양곡이 나온다. 나는 치과 병원이 여러 곳에 있기에 비교적 긴 시간 동안 차를 몰아야 한다. 그냥 차만 모는 경우는 거의 없다. 찬양곡을 듣고 따라 부르거나 말씀을 듣는다. 그러면 긴 운전 시간은 예배의 시간으로 변환된다. 자동차 안이 교회가 되는 것이다. 점차 찬양으로 기도하게 된다. 그러면 내 영이 약동하는 것이 느껴진다. 찬양하다 보면 회복이 일어난다. 우울한 마음이 들 때마다 찬양하며 기도하라. 그러면 그 우울감은 언제 떠났는지도 모르게 사라질 것이다.

또한 공동체 구성원들과 함께 찬양하며 기도하는 것이 좋다. 공동체 없는 기독교는 없다. 우리 모두는 하나님을 아버지로 둔 가족의 일원이다. 영적 가족으로 우리는 모일 때마다 찬양하며 기도해야 한다. 힘껏 박수치며, 목젖이 보일 정도로 웃으며, 소리 지르며, 춤추며 노래하며 기도해 보라. 그때, 천상의 기쁨이 지상으로 내려올 것이다.

개인적 간증을 하겠다. LA와 오렌지카운티에 '희망센터'라 불리는 'Sunrise Community Clinic'을 설립한 이후 재정적 어려움이 닥쳤다. 치과 의료장비와 사무실 집기 등을 우선 마련하다 보니 사무실 렌트비가 밀려 1만 달러를 훌쩍 넘겼다. 연이어 날라 오는 독촉장을 보면서 마음이 무거워졌다. 어떻게 해야 할지 막막했다. 작정하며 하나님께 기도했다. "하나님, 제가 어려운 이웃을 돕기 위해 이 클리닉을 만들었지만 밀린 렌트비로 너무나 힘이 듭니다. 도와주세요. 이것이 제 일이 아니라 하나님의 일인데 렌트비를 못내 독촉장을 받으니 창피한 생각이 듭니다. 우리 필요를 구할 때 주시겠다고 약속하신 말씀을 기억하며 구합니다. 어려운 이웃들에게 사랑을 베풀 수 있도록 꼭 도와주십시오."

나는 기도하며 '너 근심 걱정 말아라'란 찬송을 부르고 또 불렀다. 이 찬송가에는 이런 일화가 있습니다. 미국의 백화점 왕인 J. C. 페니(James Cash Penny)는 1929년 증시 폭락으로 파산하고, 설상가상으로 폐병까지 걸리게 되었다. 요양병원에서 죽음만을 기다리며 절망의 세월을 보내던 어느 날 아침, 병원 예배실로부터 "너 근심 걱정 말아라"는 찬송 소리가 들려왔다. 페니는 당시를 회상하며 고백했다. "그것은 다만 기적이라고 말할 수 있을 뿐입니다. 그 찬송을 들으니 마치 캄캄한 굴속에 서서히 햇빛이 비치더니 나중에는 온 굴이 밝아져 마치 지옥에서 천국으로 옮겨진 것 같은 느낌이 들었습니다." 페니는 그 찬양을 들으며 다시금 힘을 얻었고, 육신의 질병에서 치유되었으며 사업적으로도 큰 성공을 거둘 수 있었다.

나는 페니와 같이 '너 근심 걱정 말아라'를 부르고 또 불렀다. 그 찬양을 부르며 하나님께 매달리며 간구했다. "너 쓸 것 미리 아시고/ 주 너를 지키리/ 구하는 것을 주시며/ 주 너를 지키리"란 가사가 내 인생에서 실재가 되기를 기도했다.

그렇게 찬양하며 기도한 지 20일쯤 지난 밤중에 기도하는데 갑자기 마음속에 하나님의 음성이 울려왔다. "사랑하는 학선아, 근심하지 말아라. 내가 너 쓸 것을 다 준비해 놓았단다." 그 음성을 듣자 그동안 꽉 막힌 것 같은 마음이 뻥 뚫렸다. 무조건 감사했다. "하나님 감사합니다. 고맙습니다."

갑자기 병원에 환자들이 몰려왔다. 치과를 개업한 이후 최고로 많은 환자가 병원을 찾았다. 한 달 후에 밀렸던 렌트비를 모두 갚고도 남을 정도로 수입이 차고 넘쳤다. "너 쓸 것 미리 알고 구하는 것을 주겠다"는 하나님의 약속의 말씀이 그대로 이뤄진 것이다. 어려운 이웃을 더욱 사랑하라는 주님의 명령이자 은혜임을 깨닫고 더욱더 이웃 사랑을 실천하려 하고 있다.

찬양하며 기도할 때, 우리는 비범한 세계로 옮겨진다. 삶의 혁명적인 차이가 나타난다. 이전의 삶과는 비교할 수 없는 삶을 살게 된다. 우리의 능력이 아니라 하나님의 능력의 세계로 이동하기 때문이다. 거기에서 우리는 하나님이 '여호와이레'의 하나님이심을 체험한다. 이 비밀을 체험했기에 나는 찬양하며 기도하지 않을 수 없다. 이 비밀이 나의 비밀만이 아니라 우리 모두의 비밀이 되기를 원한다. 미루지 말고 지금 당장 찬양하며 기도해 보시라. 기적을 경험할 것이다. 주님이 함께하시는 기적을.

혜른후트의 학생들이 등교하고 있다.

8. ABC 기도를 드리라

나는 성경 말씀을 읽으며 오랜 시간 기도에 대해 깊이 묵상했다. 기도는 영혼의 호흡이라지만 실제로 내 주위의 많은 사람들이 기도를 어려워하고 있었다. 기도 응답에 대한 불확실한 믿음도 기도를 주저하게 만들고 있었다. 좀 더 단순하게, 좀 더 확신 있게 기도할 수 있는 방법을 찾으며 나는 'ABC 기도'란 원칙을 만들 수 있었다.

ABC 기도란 하나님의 약속을 말씀 그대로 받아들여 단순하게 믿고 주장하는 기도다. 중언부언하며 길고 지루하게 마사여구를 늘어놓는 대신, 확실한 믿음으로 하나님께 풍성한 은혜를 구하고, 그 구한 것을 받은 줄로 믿고 감사하는 기도다.

ABC 기도의 'A'는 'Ask(구하라)'이다. "구하라 그리하면 너희에게 주실 것이요"라는 마태복음 7장 7절의 말씀에 따라 단순하게 구하는 것이다. "우리는 그의 약속대로 의가 있는 곳인 새 하늘과 새 땅을 바라보도다”는 베드로후서 3장 13절 말씀대로 약속을 바라보는 것이다.

'B'는 'Believe(믿으라)'이다. “그러므로 내가 너희에게 말하노니 무엇이든지 기도하고 구하는 것은 받은 줄로 믿으라 그리하면 너희에게 그대로 되리라.”(막 11:24) “하나님의 약속은 얼마든지 그리스도 안에서 예가 되니 그런즉 그로 말미암아 우리가 아멘 하여 하나님께 영광을 돌리게 되느니라.”(고후 1:20) 이런 말씀을 따라 하나님의 약속을 그대로 “아멘”하며 믿는 것이다.

기도하지 않는 가장 큰 이유는 '하나님이 들으신다'는 생생하고 즐거운 확신이 없기 때문이다. 하나님은 항상 기도에 응답해 주실 만반의 준비를 하고 계신다. 이것을 믿어야 한다. 믿은 만큼 응답이 온다. 내가 기도하는 동안에 하나님이 구하는 것을 반드시 이루어주신다는 믿음을 가져야 한다. 믿음 없이 드리는 기도는 아무런 유익이 없다. 잡동사니 우편물과 같다. 쓰레기통에 버려질 뿐이다. 사실 우리 기도의 많은 부분이 잡동사니와 같다. 응답에 대한 확신도 없이 드리는 기도가 응답되어질 리 없다. 하나님을 향한 믿음을 붙잡아야 한다. 그러면 하나님이 당신을 붙들어 줄 것이다.

'C'는 'Claim(주장하라·받아라)'이다. “너희가 기도할 때에 무엇이든 믿고 구하는 것은 다 받으리라”는 말씀대로, 믿고 구한 것은 반드시 받을 것임을 주장하는 것이다. “돌을 옮겨 놓으니 예수께서 눈을 들어 우러러 보시고 이르시되 아버지여 내 말을 들으신 것을 감사하나이다.”(요 11:41) 이 말씀처럼 기도한 내용을 감사함으로 받는 것이다.

하나님이 나의 기도를 들으신다는 확신이 있다면 반드시 기도하게 된다. 기도하지 않을 이유가 없다. 그래서 중요한 것은 하나님을 신뢰하는 것이다. 믿음은 바라는 것을 실상으로 받아들이는 것이다. 하나님의 세계로 푹 빠지는 것이다. 기도한 대로 응답이 오고 있다는 것을 신뢰해야 한다. 응답의 확신을 갖고 구하며 주장해야 한다. 그리고 찬송과 기도를 드리면 반드시 응답을 받게 되어 있다.

정리하자면 ABC 기도는 하나님의 말씀, 즉 하나님의 약속에 의지해 구하고 믿고 주장하면서 응답해 주심을 감사하는 기도다. 이 기도를 제대로 드리기 위해서는 말씀을 믿고 말씀대로 기도해야 한다. 성경에는 3573개의 약속이 들어 있다고 한다. ABC 기도는 약속이란 씨앗 속에 거대한 나무가 들어 있음을 믿음으로 주장하고 취하며 기도하는 것이다.

예를 들어, 우리는 '성경의 약속이 내 것인 것을 믿도록 믿음을 주십시오'라는 기도를 드리고 싶을 때에는 다음과 같은 말씀들을 보면 된다.

"이 약속은 너희와 너희 자녀와 모든 먼 데 사람 곧 주 우리 하나님이 얼마든지 부르시는 자들에게 하신 것이라."(행 2:39)

"야곱아 너를 창조하신 여호와께서 지금 말씀하시느니라. 이스라엘아 너를 지으신 이가 말씀하시느니라. 너는 두려워하지 말라. 내가 너를 구속하였고 내가 너를 지명하여 불렀나니 너는 내 것이라."(사

43:1)

"구하는 이마다 받을 것이요, 찾는 이는 찾아낼 것이요, 두드리는 이
에게는 열릴 것이니라."(마 7:8)

이런 약속의 말씀들을 3~4번 반복해 읽고 내 것임을 확인한 후,
무릎을 꿇고 기도를 시작한다.

"하나님, 성경에 이런 말씀들이 있습니다. 주십시오. 주실 줄 믿습
니다. 주서서 감사합니다."

이렇게 기도를 드린 후, 성경 속 약속의 말씀들을 또 찾아 읽는다.

"그는 그의 언약 곧 천 대에 걸쳐 명령하신 말씀을 영원히 기억하셨
으니"(시 105:8)

"찬송하리로다. 하나님 곧 우리 주 예수 그리스도의 아버지께서 그
리스도 안에서 하늘에 속한 모든 신령한 복을 우리에게 주시되"(엡
1:3)

"나의 기도가 주의 앞에 분향함과 같이 되며 나의 손 드는 것이 저녁
제사 같이 되게 하소서."(시 141:2)

이런 약속의 말씀들을 읽고 묵상하면서 믿음을 더 굳게 한다. 또
한 이 말씀들을 생각하며 간절한 마음으로 기도한다. 그리고 이루어
주심을 믿고, 이미 받음을 주장하고 감사하며 예수 그리스도의 이름
으로 기도를 마친다.

한 가지 예를 더 들어보겠다. 불화가 생기면 어떻게 하면 좋을까? 이와 관련, 베드로전서 3장 6~9절에 놀라운 말씀이 있다.

"사라가 아브라함을 주라 칭하여 순종한 것 같이 너희는 선을 행하고 아무 두려운 일에도 놀라지 아니하면 그의 딸이 된 것이니라. 남편들아 이와 같이 지식을 따라 너희 아내와 동거하고 그를 더 연약한 그릇이요 또 생명의 은혜를 함께 이어받을 자로 알아 귀히 여기라. 이는 너희 기도가 막히지 아니하게 하려 함이라. 마지막으로 말하노니 너희가 다 마음을 같이하여 동정하며 형제를 사랑하며 불쌍히 여기며 겸손하며 악을 악으로, 욕을 욕으로 갚지 말고 도리어 복을 빌라. 이를 위하여 너희가 부르심을 받았으니 이는 복을 이어받게 하려 하심이라."

이 말씀을 서너 번 읽으며 묵상한 후, 성경의 약속을 찾아본다. 이와 관련된 구절들을 발견할 것이다.

"또 새 영을 너희 속에 두고 새 마음을 너희에게 주되 너희 육신에서 굳은 마음을 제거하고 부드러운 마음을 줄 것이며 또 내 영을 너희 속에 두어 너희로 내 율례를 행하게 하리니 너희가 내 규례를 지켜 행할지라."(겔 36:26~27)
"사랑하는 자들아 우리가 서로 사랑하자 사랑은 하나님께 속한 것이니 사랑하는 자마다 하나님으로부터 나서 하나님을 알고"(요일 4:7)

불화가 있을 때에는 이런 약속의 말씀들을 찾아 믿음을 새롭게 해야 한다. 그리고 시편 19편 14절의 말씀에 의지, 성령의 도움을 구하며 기도해야 한다.

"나의 반석이시요 나의 구속자이신 여호와여 내 입의 말과 마음의 묵상이 주님 앞에 열납되기를 원하나이다."

이렇게 믿고 말씀에 의지해 기도할 때, 불화와 원망이 화해와 화평으로 변하게 될 것이다. 모든 상황에서 우리는 ABC 기도를 드릴 수 있다. 구하고, 믿고, 주장하면서 주님이 이미 말씀을 통해서 약속해 주신 모든 응답을 감사하며 "예"라고 취하는 것이다. ABC 기도는 누구나 드릴 수 있다. ABC 기도로 성경의 말씀을 기도로 변환시켜 보시라. 놀라운 결과를 경험할 것이다.

나의 꿈은 사랑의 사람이 되는 것
이다. 오늘도 나는 사랑을 부어달
라고, 만나는 모든 사람에게 사랑
을 실천하게 해 달라고 기도하고
있다. 사랑하면 기도한다. 하나님
사랑으로 이웃들을 사랑하자. 그
들에게 다가가자. 사랑으로 기도
하자

5장

기도는 사랑이다

1. 사랑으로 기도하라

우리는 사랑하는 사람에게, 사랑하는 사람을 위해 기도할 수 있다. 기도의 여정에서 필요한 한 가지는 사랑이다. 하나님을 온전히 믿는 사람은 하나님이 주시는 어떤 능력이나 선물보다 하나님 자체를 더 사랑한다. 하나님은 사랑이시다. 기도할 때 우리는 하나님의 무한한 사랑에 호소한다. 사랑하는 마음 없이 참된 기도를 드릴 수 없다. 우리는 사랑하는 것을 위해 기도하게 되어 있다.

그래서 성 어거스틴은 "참되고 완전한 기도는 사랑 외에 아무것도 아니다"라고 했다.

잔느 귀용도 이렇게 말했다. "우리는 누구나 주님께 단순하게 기도할 수 있다. 단순한 기도는 그저 시작하기만 하면 된다. 교육을 잘 받은 사람에게도, 우둔하고 무지한 사람에게도 어울리는 기도다. 단순한 기도의 목표는 주님께 모든 것을 포기하고 맡기는 것이다. 다만 한 가지 필요한 것이 있다면 그것은 사랑이다."

기도가 제대로 되지 않고, 중언부언하게 될 때가 있다. 그럴 때는 내면을 잘 성찰해 보라. 필시 사랑이 부족했을 것이다. 그 순간엔 먼저 하나님과의 사랑을 체크해야 한다. 우리는 온 마음과 뜻을 다해 하나님을 사랑하라는 명령을 받았다. 그것이 피조물의 의무다. 사랑은 하나님의 놀라운 선하심에 대한 마음의 반응이다. 그래서 하나님에 대한 사랑이 없다면 우리가 아무리 애를 써도 하나님의 선하심을 맛보아 알 수 없다. 하나님의 선하심을 경험하지 못한 사람은 다른 사람에게 사랑의 선한 행위를 할 수 없다. 하나님에 대한 사랑이 부족하다고 느낄 때는 단순하게 하나님께 고백하며 간구하라. "하나님, 제 자연적 성품과 의지로는 당신을 사랑할 수 없습니다. 당신을 사랑할 수 있는 마음을 주십시오. 제 마음에 사랑의 불을 붙여 주세요. 당신에 대한 사랑으로 활활 타오르게 긍휼을 베풀어 주십시오."

"서로 사랑하라"는 것은 예수님이 이 땅을 떠나시기 전에 우리에게 주신 제 일 계명이다. "새 계명을 너희에게 주노니 서로 사랑하라 내가 너희를 사랑한 것 같이 너희도 서로 사랑하라."(요 13:34) 사랑을 실천하는 것이야말로 우리가 가장 소중히 지켜야 할 계명인 것이다.

주님은 십자가에 자기 몸을 던지기까지 우리를 사랑하셨다. 우리는 모두 그 사랑에 빚진 자들이다. 우리의 사랑은 철저히 주님의 사랑을 모방한다. 그분이 우리를 사랑한 것 같이 우리 또한 이웃을 사랑하는 것이다. 단언컨대 사랑이 없으면 아무것도 아니다.

"내가 내게 있는 모든 것으로 구제하고 또 내 몸을 불사르게 내줄지라도 사랑이 없으면 내게 아무 유익이 없느니라."(고전 13:3)

주님을 사랑하는 마음이 있을 때, 기도는 지겨운 노동이나 형벌이 아닌 기쁨의 작업이 될 수 있다. 내 마음에 주님에 대한 사랑이 가득할 때 '기도는 선물'이라는 사실을 깨닫는다. 중요한 것은 그 사랑의 마음을 갖는 것이다. 내가 아무리 의지적으로 '사랑하겠다'고 결심해도 사랑의 마음은 찾아오지 않는다. 인간의 죄성 때문이다. 사랑은 하나님께 속한 것이다. 하나님이 부어 주셔야 한다. 그래서 우리는 사랑을 달라고 기도해야 한다. 내 자아를 주님께 복속시켜야 한다.

나는 인생의 가장 큰 가치를 이웃 사랑에 두고 있다. 하나님의 사랑을 깨달은 이후 나는 내 삶의 최우선 순위를 사랑을 실천하는 데 두었다. 하나님이 허락해 주신 재물도 이웃 사랑을 위해 쓸 때만 의미가 있다고 믿었다. 말씀을 묵상하며 거룩한 삶은 마음과 목숨, 힘과 뜻을 다해 하나님을 사랑하고, 또한 이웃을 내 몸과 같이 사랑하는 것임을 깨달았다. 아내가 쓰러진 이후 인간적으로 극심한 고통의 삶을 살아야 했지만 결국은 그 고통이 나를 사랑으로 이끌어 주었다. 놀라운 하나님의 은혜가 나를 변화시킨 것이다. 그것은 나의 기도에 대한 하나님의 응답이었다. 나는 하나님께 대한 헌신의 증표로 마음과 생명을 다해 하나님 사랑과 이웃 사랑을 실천하기로 했다. 나의 입술로 드려지는 고백만이 기도가 아니라 내 손과 발로 드려지는 것 역시 기도임을 믿었다. 내가 남가주에서 행하는 선한 행위야말로 가장 높은 기도일 수 있다는 사실을 배우고 있다.

나는 2009년 남가주 LA와 오렌지카운티에 '희망센터'라 불리는 '선라이즈 커뮤니티 클리닉'(Sunrise Community Clinic)을 설립했다. 각종 고난을 겪는 사람들에게 사랑을 전하는 공동체다. 이 클리닉에는 치과를 비롯해 내과, 산부인과, 한방, 카이로프락틱 등 10개의 진료 과목이 있다. 뜻이 있는 지역 의사들이 사랑의 봉사를 하고 있다. 이곳에서는 무료 진료 외에도 성경 속독과 라이프 코치(Life Coach), 언어 교육 등이 진행되고 있다.

나는 또한 일 년에 두세 차례씩 의료팀을 구성해 멕시코 등지로 선교를 나가고 있으며 각종 봉사활동에도 빠지지 않으려 하고 있다. 매달 재정적 필요가 있는 여러 기관과 단체, 개인 등에 후원하고 있다. 돈을 쌓아 두고 하는 일이 아니다. 이를 위해 열심히 일하고 있다. 내가 일하는 이유는 나 혼자 먹고살기 위함이 아니다. 나의 일을 통해 많은 이들이 도움을 받을 수 있기에 열심히 일하지 않을 수 없다. 이웃을 도우며 하나님의 세심한 손길을 늘 경험한다. 하나님은 필요할 때마다 재정을 허락해 주셔서 사역을 감당하게 해 주셨다.

사실 이웃 사랑을 실천할 때보다 더 기쁜 순간은 없다. 어려운 이웃을 섬기고 그들에게 내가 지닌 것을 베풀며 나눌 때, 진정한 기쁨과 행복이 찾아온다. 이웃 사랑의 가장 큰 혜택은 결국 내가 보는 셈이다. 그래서 나는 봉사활동의 기회가 오면 회피하거나 미루지 않는다. 이웃 사랑을 실천할 수 있는 봉사에 참여하는 것이 행복의 길임을 알기 때문이다. 사랑의 봉사에는 형편을 따져서는 안 된다. 자신이 지금 할 수 있을 만큼 최선을 다하는 것이야말로 봉사에 대한 기본자세이다. 우리는 결코 홀로 살아갈 수 없다. 아무리 돈이 많아도 혼자여서는 행복할 수 없다. 더불어 함께 살아갈 때, 우리 모두가 행복해 질 수 있다.

나만, 내 가족만 잘살면 된다는 것은 참으로 어리석기 그지없는 생각이다. 서로 돕고 서로 나누고 서로 섬긴다면, 모두가 기쁨과 행복을 얻을 수 있다. 이 세상 가운데에서 소외된 이웃들에게 한 발자국이라도 더 다가가려는 노력을 하며, 아낌없이 사랑을 실천하는 것이 기도일 것이다. 나는 내 자신이 하나님께 드려지는 기도가 되기를 원한다. 사실 '기도수업'의 최종적인 목적은 각자가 하나님께 올리는 기도가 되는 것이다.

나는 베풀고 섬기는 삶이 주는 행복을 경험했기에 그 행복을 주변 사람들과 나누고 싶다. 그래서 이 땅에 18세기 모라비안들의 헤른후트 공동체와 같은 기도와 사랑의 공동체를 결성하려는 꿈을 지니고 있다. 그 공동체에서 마음껏 형제 사랑을 나누며 24시간 기도를 드리고 싶다. 일과 신앙이 일치되며, 사랑으로 하나 된 공동체를 이 시대에 세우고 싶다. 그러기 위해 열심히 일하며 힘써 기도하고 있다. 우리 시대에 꼭 필요한 기도는 "이웃을 배려하고 사랑할 수 있는 믿음과 힘을 주세요"라고 고백하는 기도이다. 인간의 힘으로는 결코 이웃을 사랑할 수가 없다. 하나님께서 이웃을 사랑할 수 있는 마음을 주실 때에만, 이웃 사랑을 실천할 수 있다. 그래서 우리는 하나님을 먼저 사랑해야 한다. 그리고 그분께 사랑을 달라고 기도해야 한다. 하나님이 부어주시는 폭포수 같은 사랑이 우리에게 주어질 때, 우리는 그 사랑을 전하지 않고는 견딜 수 없게 될 것이다. 나는 이 땅에 하나님의 사랑을 전하는 파이프라인이 되고 싶다.

나의 꿈은 사랑의 사람이 되는 것이다. 세월이 지나면서 어쩔 수 없이 내 육신은 노쇠해지겠지만 내 내면은 사랑으로 더욱 더 가득 차기를 소망하고 있다. 오늘도 나는 사랑을 부어달라고, 만나는 모든 사람에게 사랑을 실천하게 해 달라고 기도하고 있다. 사랑하면 기도한다. 하나님 사랑으로 이웃들을 사랑하자. 그들에게 다가가자. 사랑으로 기도하자.

2. 하나 됨을 위해 기도하라

"아버지여, 아버지께서 내 안에, 내가 아버지 안에 있는 것 같이 그들도 다 하나가 되어 우리 안에 있게 하사 세상으로 아버지께서 나를 보내신 것을 믿게 하옵소서."(요 17:21)

나는 요한복음에 나와 있는 이 예수님의 기도야말로 지금 우리 시대의 모든 사람이 이뤄내야 할 기도의 제목이라고 믿는다. 지금 시대의 특징은 분열이 만연되었다는 것이다. 정치와 경제, 사회, 문화뿐 아니라 교회에도 하나 됨보다는 분열이 일상화되었다. "저들이 하나 되게 하소서"라는 예수님의 기도와 반대로 가고 있다.

예수님은 우리가 하나 되어야 하는 것을 성부와 성자, 성령 하나님이 하나 된 것처럼 하나가 되어야 한다고 강조하셨다. 삼위일체 하나님은 하나 되어 완벽한 하모니를 이루며 사역하고 계신다. 삼위 하나님 사이에는 어떤 분열도 없다. 세 분 하나님은 이기적 욕심이나 교만, 질시 대신 진정한 사랑과 존중, 겸손으로 한몸이 되셨다. 우리는 삼위일체 하나님과 같이 하나가 되어야 한다. 우리가 하나가 될 때, 세상이 우리를 참 그리스도인이라고 받아들이며 주 예수 그리스도를 믿게 될 것이다.

그러나 슬프게도 우리 사이에 분열이 있다. 가정과 교회, 국가에 분열이 있다. 특별히 조국 대한민국은 극심한 분열 속에 갈라져 있다. 진보와 보수, 동과 서, 남과 북 사이에 거대한 균열이 있다. 부자와 가난한 자, 노동자와 사용주 사이에 분열이 있다. 세월이 지나가면서 그 틈새가 좁혀져야 할 텐데 오히려 더 넓어지고 있다. 최근 몇 년 간 한국 사회는 극심한 분열상을 겪어야 했다. 소위 '태극기'와 '촛불' 사이에는 도저히 화합될 수 없는 간극이 있다는 사실을 확인했다. 남과 북의 분열은 고착화 되었고 동서의 분열은 여전히 진행 중이다. 이것이 우리의 슬픈 현실이다. 교회 내의 분열은 더욱 견디기 힘들다. 세상이 분열되었을 때에 틈새를 막으며 다리가 되어야 할 교회가 자체적인 분열로 힘을 쓰지 못하고 있다. 분열의 상처가 바다처럼 넓어서 도저히 치유되기 힘들어 보인다. 교회의 분열로 인해 이 민족의 치유가 이뤄지지 않는다.

"길르앗에는 유향이 있지 아니한가. 그 곳에는 의사가 있지 아니한가. 딸 내 백성이 치료를 받지 못함은 어찌 됨인고"(렘 8:22)

갈가리 찢겨 상한 백성들이 치유를 받아야 할 텐데, 치유의 주체가 되어야 할 교회가 분열되어 힘을 쓰지 못하고 있다. 교회가 하나 되지 못한 가운데 세상의 논리가 스멀스멀 교회에 들어오고 있다. 그럼으로써 교회의 영적 권위가 약해져 갔다. 세상을 인도해야 할 교회가 거꾸로 세상의 질타를 받고 있다. 지금도 조국 교회 도처에서 분열의 모습이 드러나고 있다. 무언가 잘못되어 가고 있다. 이 안타까운 현실을 어떻게 타개할 수 있는가? 기도해야 한다. 하나 되게 해 달라고 피와 땀과 눈물을 쏟으며 기도해야 한다. 이 시기에 이 기도보다 더 중요한 기도는 없을 것이다.

역설적으로 이 분열의 시대에 하나 됨과 연합의 목소리는 더욱 커지고 있다. 연합을 위한 각종 모임도 넘친다. 그럼에도 연합은, 진정한 하나 됨은 이뤄지지 않고 있다. 무엇이 필요한 것인가? 우리가 진정으로 하나 되기 위해서는 모두가 주 예수 그리스도를 만나야 한다. 이 땅을 떠나시기 전 하나 됨을 당부하셨고 이제는 하늘 보좌에서 우리의 하나 됨을 위해 중보하시는 예수님을 인식해야 한다. 다른 사람을 향해 지적할 필요 없다. 먼저 내가 예수 그리스도의 십자가를 통과하며 고운 밀가루처럼 부서져야 한다. 그리고 상대방 역시 자아가 부서져 가루가 될 수 있도록 기도해야 한다. 각자의 부서진 자아의 가루들이 모아지고 그 위에 보배로운 주님의 피가 부어져야 한다. 그럴 때, 우리는 진정으로 하나가 될 수 있다.

주님의 피가 우리를 하나 되게 한다! 그래서 주는 평화이시며 막힌 담을 허시는 분이시다. 그분은 진영 논리에 함몰된 작은 분이 아니셨다. 주님은 과감히 영문 밖으로 나가셨다. 우리 역시 나의 좁은 울타리를 벗어나 진영 밖으로 나가 형제들과 연합의 길을 추구해야 한다. 그러기 위해 주님을 만나야 한다. 결코 다른 방법으로 하나가 될 수 없다. 하나가 되기 위해서는 나의 자아가 죽어야 한다.

나는 분열된 교회와 조국의 현실을 보면서 왜 이렇게 하나 됨이 어려운지를 생각해보았다. 나의 결론은 우리의 대적이 우리를 분열로 이끌고 있기 때문이라는 것이다. 원수 마귀는 예수님의 마지막 부탁인 하나 됨이 이뤄질 경우, 자신들의 터전이 무너지기에 기를 쓰고 연합을 막는 것이다. 우리가 하나 될 때 세상이 주님을 믿게 된다. 그러면 이 세상의 지배자가 되기 원하는 사탄의 전략은 파괴되고 만다. 저들은 자신들의 나라가 요동치게 될 '믿는 자들의 하나 됨'을 기를 쓰고 막아야 한다. 그것이 어둠의 세력들의 최우선 생존 전략이다. 그래서 이 땅에서 모두가 마음으로는 연합하고 싶지만 정작 현실에서는 하나 됨이 어렵게 되는 것이다.

어떻게 해야 하는가? 우리는 반드시 하나 됨의 여정을 가야 한다. 하나 됨의 여정은 가족의 여정이다. 이 땅 모두가 가족이 되어야 한다. 가족이 함께 아버지의 집을 찾아서 가야 한다. '함께' 가야 한다. 매일 함께 연합을 위해 기도하자. 우리를 분열시키려는 악한 사탄의 궤계를 파쇄하자.

우리 가운데 분열이 없도록 해주시기를, 우리가 같은 마음과 같은 뜻으로 온전히 뭉칠 수 있기를, 서로 화평을 도모하고 덕을 세우는 일에 힘을 쓸 수 있도록, 경쟁심이나 허영으로 일하지 않고 언제나 남을 낮게 여길 수 있도록, 우리의 관용을 모든 사람이 알 수 있도록, 갈라진 틈을 메우는 사람이 될 수 있도록 기도하자.

헤른후트의 무덤 입구

기도수업

3. 중보기도자가 되라

'중보'라는 말은 일상적 용어가 아니다. 그러나 기도하는 공동체에 이 중보는 너무나 중요한 단어다. 믿음의 형제자매들은 자주 "중보하겠습니다"라고 말한다. 나도 즐겨 사용한다. 이 말은 "당신을 위해 당신이 간구하는 내용을 저도 기도하겠습니다"라는 의미다. 신약성경에도 중보에 대한 이야기가 나온다.

> "그러므로 내가 첫째로 권하노니 모든 사람을 위하여 간구와 기도와 도고와 감사를 하되; 하나님은 한 분이시요 또 하나님과 사람 사이에 중보자도 한 분이시니 곧 사람이신 그리스도 예수라."(딤전 2:1, 5)

이 구절에 나오는 도고(禱告)는 다른 사람을 대신해서 하나님께 간구하고 청원하는 일로 NIV 성경에서는 'intercession'으로 되어 있다. 이는 'inter'와 'cedere'라는 두 개의 라틴어의 합성어다. 'inter' 는 사이, 틈, 간격을 의미하며 'cedere'는 '가다, 초래하다' 등의 의미 다. 결국 intercession은 '틈 사이로 간다'는 말로 중재, 조정, 알선이 라는 뜻이다. 기도를 의미할 때는 '틈 사이로 들어가는 기도'라고 할 수 있다.

문자적으로 중보기도는 이웃을 위해 내가 대신 기도를 드리는 것 이지만 성경적으로는 하나님과 인간의 유일한 중보자이신 예수 그 리스도께서 우리를 위해 간구하시는 기도를 의미한다. 우리가 중보 기도를 드릴 때, 우리는 중보자이신 예수님의 사역에 동참하는 것이 다. 로마서와 히브리서의 다른 구절에서도 중보자 되시는 예수님에 대해 나온다.

"누가 정죄하리요 죽으실 뿐 아니라 다시 살아나신 이는 그리스도 예수시니 그는 하나님 우편에 계신 자요 우리를 위하여 간구하시는 자시니라."(롬 8:34)
"그러므로 자기를 힘입어 하나님께 나아가는 자들을 온전히 구원하 실 수 있으니 이는 그가 항상 살아 계셔서 그들을 위하여 간구하심 이라."(히 7:25)

예수님은 지금 무슨 일을 하시는가? 그분은 하나님 보좌 오른편 에서 인간들을 위해 중보하신다. 잠시 세상에 계실 때에도 예수 그리스도는 제사장적인 중보기도를 드리셨고 하나님께서는 중보자이신 예수님의 간구를 들어주셨다.

> "그는 육체에 계실 때에 자기를 죽음에서 능히 구원하실 이에게 심한 통곡과 눈물로 간구와 소원을 올렸고 그의 경건하심으로 말미암아 들으심을 얻었느니라."(히 5:7)

예수님은 이 땅에 계실 때에나 하나님 우편에 계시는 지금이나 우리를 위한 변호인이자 중보자로 활동하신다. 우리가 중보할 때는 바로 예수님이 하신 일에 동참하는 것이다. 예수님은 중보자로서 영원히 살아 계시며 예수님의 성령은 우리 안에 거하신다. 우리 몸은 그분이 거하는 처소다. 우리가 중보할 때, 우리 안의 예수님이 함께 해주시는 것이다. 우리에게 기도할 바를 알려주시며 인간의 힘으로는 어찌할 수 없는 놀라운 일들을 이뤄주신다. 중보기도가 놀라운 결과를 가져오는 것은 제한된 인간의 입으로 간구하는 것이 아니라 우리 안에 거하시는 예수님의 영으로 선포하기 때문이다. 예수님이 우리를 통로로 일하신다. 그러므로 중보기도는 크리스천들에게는 가장 높은 영광스러운 소명이다. 우리 모두는 중보기도자로 부르심을 받았다. 누구도 예외는 없다. 우리는 자신만이 아니라 누군가를 위해 중보 해야 한다. 나는 '누군가 널 위해 기도하네'라는 가스펠 송을 좋아한다.

"당신이 지쳐서 기도할 수 없고/ 눈물이 빗물처럼 흘러내릴 때/ 주님은 우리 연약함 아시고/ 사랑으로 인도하시네/ 누군가 널 위하여 간절히 기도하네/ 네가 홀로 외로워서 마음이 무너질 때/ 누군가 널 위해 기도하네."

아내가 쓰러진 이후 정말 많은 분이 우리 가정을 위해 기도해 주었다. 처음에는 너무나 큰 슬픔으로 그들의 기도가 얼마나 중요하고 고마운 것인지를 인식하지 못했다. 그러나 그 시절 나와 우리 아이들이 무너지지 않고 지탱할 수 있었던 것은 분명히 그들의 중보기도 덕분이다. 그들의 기도로 인해 우리는 넘어지지 않았다. 아내가 목숨을 건지게 된 것도 그들이 우리와 같은 갈급하고 긴박한 마음으로 중보했기 때문일 것이다.

이 세상은 함께 사는 곳이다. 우리는 늘 누군가의 도움을 받는다. 누군가 나를 위해 기도하고 있다면 나는 더 이상 외롭지 않다. 말씀을 읽으면서 주님이 지금도 보좌 우편에서 나를 위해 중보하고 계시다는 사실이 믿어졌다. 그것이 확신이 되었을 때, 나는 더 이상 외롭거나 슬퍼할 이유가 없었다.

그분이 나를 위해 중보 하신다! 그분이 내게로 다가오신다! 이것이 나의 가장 강력한 안전판이다. '누군가'의 기도로 일어선 나 역시 '누군가'를 위해 중보 해야 할 책임을 느낀다. 그래서 매일 누군가를 위해 기도하고 있다.

예수님은 자신을 던지면서 우리와 하나님 사이의 벌어진 틈새에 들어오셨다. 그리고 그 갈라진 틈을 막기 위해서 하나님께 간구했고 자신의 생명까지 바치셨다. 우리가 중보할 때 우리 역시 갈라진 틈 사이로 들어가게 된다. 그 사이에서 하나님께 틈을 막아달라고 간구한다. 그러므로 진실된 중보기도를 드릴 때는 언제나 화해와 하나됨의 역사가 일어난다.

중보기도는 일시에 영적 분위기를 바꾼다. 우리가 중보할 때 주님의 영광의 빛이 전달되기 때문이다. 중보기도는 어둠 가운데 빛을 보내는 것과 같다. 이것은 개인뿐 아니라 공동체와 국가에도 해당된다. 중보기도는 국가의 운명과 역사까지도 바꾼다. 북한을 위해 중보기도의 끈을 놓지 않을 때에 결국 그 땅에 주님이 빛이 전달되어 북한 땅의 영적인 분위기가 일시에 바뀌게 될 것이다.

예수님은 어제나 오늘이나 영원토록 동일하신 분이시다. 그분은 이 세상에서와 마찬가지로 지금도 동일하게 우리를 사랑하시고 우리를 위해 중보하신다. 우리는 모두 예수 그리스도의 편지가 되어야 한다. 그분이 우리를 위해 중보하시고 계시다면 우리 역시 '누군가'를 위해 중보 기도를 해야 한다. 우리 모두는 중보기도자로 부름받았다. 당신은 중보기도자다. 어떤 직책보다도 더 영광스러운 직분이다. 오늘, 이 시간, 당장 누군가를 위해 기도하시라. 거침없이 담대하게 갈라진 틈 사이로 들어가 화해와 평화의 메시지를 전하시라. 당신의 중보기도로 누군가가 살아난다. 공동체와 민족이 살아난다. 그러니 부디 중보기도자로 서시길 바란다.

4. 부흥을 위해 기도하라

"이 땅의 황무함을 보소서 하늘의 하나님 긍휼을 베푸시는 주여/ 우리의 죄악 용서하소서 이 땅 고쳐주소서/ 이제 우리 모두 하나 되어 이 땅의 무너진 기초를 다시 쌓을 때/ 우리의 우상들을 태우실 성령의 불 임하소서/ 부흥의 불길 타오르게 하소서 진리의 말씀 이 땅 새롭게 하소서/ 은혜의 강물 흐르게 하소서 성령의 바람 이제 불어와/ 오 주의 영광 가득한 새날 주소서 오 주님 나라 이 땅에 임하소서."

'부흥'이란 제목의 이 가스펠 송을 부를 때마다 가슴이 뛴다. "부흥의 불길 타오르게 하소서"라고 외칠 때, 하늘의 하나님이 이 땅에 바로 내려오실 것만 같다. 지금 우리에게는 믿음의 부흥이 절실히 필요하다. 사방을 둘러보아도 황무한 곳뿐인 것 같다. 물질적 번영을 누리는 것은 결코 부흥의 현상이 아니다. 삶은 이전보다 훨씬 더 풍요하지만 이 땅의 기초들은 무너지고, 진리의 말씀은 밟혀지고 있다. 그래서 우리는 부흥을 위해 기도해야 한다. 내 삶과 믿음의 부흥, 교회의 부흥, 민족의 부흥을 위해 간구해야 한다.

부흥이란 무엇인가? '부흥'이란 책을 쓴 마틴 로이드 존스 목사는 "부흥이란 영광 가운데 계신 하나님을 보는 것이며, 그에게로 돌아가는 것이고, 그에게 기도하는 것"이라고 정의했다. 목회자였던 그는 특히 교회의 부흥에 초점을 맞추며 이렇게 말했다.

"교회가 죽어가며 거의 끝장난 듯 보이던 시절이 있었습니다. 그런데 갑자기 그가 나타나 원수들을 흩으시고 교회를 되살려 주시곤 했습니다. 이것이 부흥의 의미하는 바입니다. 주님의 임재로 교회가 새로워집니다. 부흥의 의미는 바로 이것, 교회가 다시금 이 이상을 보는 것입니다. 부흥이 임하면 교회가 그를 보게 됩니다. 그를 보기에 온갖 원수 앞에서도 미소 지을 수 있고 웃을 수 있습니다. 언제나 그가 부흥을 주십니다. 그는 홀로 포도즙 틀을 밟으십니다. 그가 치료하는 광선으로 떠오르실 때 원수는 물러가고 교회는 살아납니다. 그 일을 하시는 이는 언제나 그분, 그분 한 분뿐입니다."

존스 목사의 말처럼 부흥은 하나님께서 한 생명에게 쏟아붓는 그분의 마음을 폭발시키는 것이다. 그러기에 인간의 생각이나 탁월한 전략만으로는 결코 부흥이 찾아오지 않는다. 부흥은 끝까지 그분을 사랑하는 사람들에 대한 하나님 아버지의 반응이다. 그분은 그 사람들에게 약속을 주셨으며 그 자손들에게 하늘의 불길을 보내주셨다. 그래서 진정 부흥을 갈망한다면 우리는 이사야와 같은 마음으로 기도해야 한다. 이스라엘의 패역한 상황을 목도한 이사야는 하나님께 절규한다.

"원컨대 주는 하늘을 가르고 강림하시고 주 앞에서 산들이 진동하기를 불이 섶을 사르며 불이 물을 끓임 같게 하사 주의 원수들이 주의 이름을 알게 하시며 이방 나라들로 주 앞에서 떨게 하옵소서."(사 64:1)

당시의 상황을 선지자는 이렇게 말한다. "우리는 다 부정한 자 같아서 우리의 의는 다 더러운 옷 같으며 우리는 다 잎사귀같이 시들므로 우리의 죄악이 바람같이 우리를 몰아가나이다. 주의 이름을 부르는 자가 없으며 스스로 분발하여 주를 붙잡는 자가 없사오니 …."
주의 성읍이 광야가 되고, 이스라엘이 황폐한 상황에서 이사야는 하나님께 불만을 토로한다. "여호와여, 일이 이러하거늘 주께서 아직도 가만히 계시려 하시나이까?"
그는 이런 모든 상태를 종결짓기 위해선 인간의 노력이 아닌 하나님의 비상개입이 필요하다고 판단했다. 그래서 절박한 심정으로 말했다.
"주님, 제발 하늘을 가르고 강림하셔서 이 모든 일을 정리해 주십시오."
캐나다 피플스교회(people's church)를 담임하고 베스트셀러 '구령의 열정'을 쓴 오스왈드 스미스 목사는 수없이 이사야의 절규, "원컨대 주는 하늘을 가르시고 강림하소서"를 외쳤다고 고백한다. 스미스 목사는 찰스 피니, 존 웨슬리, 이반 로버츠 등 세계적 부흥운동 주역들의 삶을 들여다보면서 자신이나 동시대 목회자들의 사역에서 그런 위대한 역사를 보기 힘들다는 사실을 인정하지 않을 수 없었다. 많은 교회는 하나님의 위대함을 목표로 삼지 않고 그저 무작정 운영해 나가고 있었으며 여러 사람이 설교하고 있지만 실제로 어떤 위대한 일이 일어나리라고는 별로 기대하지도, 꿈도 꾸지 않는다는 사실을 보게 되었다. 사람들은 하나님을 망각하고, 구석구석 죄가 가득 찼으며, 강단의 설교는 위력을 잃고 있는 상황에서 스미스 목사는 이사야 선지자와 같이 절규했다. "원하건대 주여, 하늘을 가르고 강림하소서!"

부흥의 때에는 하나님께서 이사야가 소망한 것처럼 강력하게 방문하신다. 1907년 평양 대부흥운동 당시에도 하나님은 조선 땅에 강력히 임하셨다. 하늘을 가르고 강림한 하나님은 황무한 조선 땅을 고쳐주셨고 한반도가 복음으로 가득 차게 해 주셨다. 부흥이 일어나면 사람들은 죄를 자각하며 하나님께로 마음을 돌린다. 하나님의 계시가 풀리며 사람들 사이에 영적 열망이 일어난다. 개인과 사회가 모두 함께 본질을 향한 발걸음을 내딛는다. 그럼으로써 그 땅이 치유된다.

중요한 것은 부흥은 하나님이 주시는 선물이라는 점이다. 사람들이 하나님의 얼굴을 향하며 죄를 회개할 때, 하늘의 하나님이 내려와 황무한 땅을 고쳐주신다. 지금은 우리 모두가 부흥에 목말라 하며 부흥을 위해 기도해야 한다. 하박국 선지자의 마음으로 주님께 간구해야 한다.

"여호와여 내가 주께 대한 소문을 듣고 놀랐나이다. 여호와여 주는 주의 일을 이 수년 내에 부흥하게 하옵소서. 이 수년 내에 나타내시옵소서. 진노 중에라도 긍휼을 잊지 마옵소서."(합 3:2)

지난 역사 동안 열방에서 일어난 놀라운 부흥은 모두 죄를 회개하며 간절히 기도할 때에 주어졌다. 한 번도 예외는 없다. 진실되고 갈망하는 기도가 부흥을 가져온다. 부흥은 하나님을 바로 보며, 그분에게 돌아가는 것이다.

나 역시 다른 모든 갈망하는 사람들처럼 부흥에 목마른 사람이다. 내 삶이 다하기 전에 나의 부흥과 교회의 부흥, 이 땅의 부흥을 흠뻑 경험하고 싶다. 그래서 황무한 이 땅 고쳐달라고, 부흥의 불길 내려 달라고, 하늘의 가르고 하나님이 강림해 주시라고 매일 기도한다. 나의 문제와 한계를 넘어서 부흥을 위해 기도할 때에 정말 하나님의 강력한 방문이 임박한 것 같은 느낌이 든다.

우리 함께 부흥을 위해 기도하자. 주님의 얼굴을 구하며, 그분이 지금 우리가 거하는 이 땅에 내려오셔서 빛으로 임하시기를 기도하자. 부흥을 위해 기도하자.

5. 일터에서 기도하라

"내가 거룩하니 너희도 거룩할지어다."(벧전 1:16)

하나님은 우리에게 거룩의 명령을 내리셨다. 우리는 주일에만 거룩하게 지내며 하나님의 임재를 느끼는 것이 아니라 평일에도 거룩해야 한다. 호렙산에서 양을 치던 모세에게 하나님은 "네가 선 곳은 거룩한 곳이다"라고 말씀하셨다. 모세가 특별한 장소에 서 있던 것이 아니었다. 그는 지극히 평범한 산 어느 곳에 서 있었다. 그 평범한 곳이 거룩하다고 말씀하신 하나님이 우리에게도 동일하게 말씀하신다. "네가 선 곳은 어디든지 거룩한 곳이다"라고.

크리스천들은 일상에서 거룩을 찾아야 한다. 세속적인 것 속에 숨어 있는 거룩함을 찾는 것은 너무나 중요하다. 우리는 흔히 성과 속, 거룩한 것과 세속적인 것이라는 이분법 속에서 살아간다. 이원

론적인 삶을 살면서 영적인 것과 물질적인 것을 구별한다. 육체와 영혼을 나눴으며 현세와 내세를 구별했다. 우리는 '세상'을 영적인 것과는 반대되는 개념으로 언급한다. 거기는 선 대신 악이, 거룩 대신 타락이 넘치는 곳이다. 그러나 그곳이 우리의 대부분 시간을 보내는 삶의 현장이다. 일반적인 직장인들은 하루 중 수면시간을 제외하고 평균 70%의 시간을 일터에서 보낸다. 직장인 크리스천의 교회 활동은 하루 전체 시간 가운데 많아야 10%, 적게는 1% 미만이라고 한다. 하루 시간의 70% 이상을 일터에서 보내고 있는데 그 생활이 하나님과 어떤 관계인지 확신하지 못한다면 정상적인 신앙생활을 할 수 없다.

예수님은 "너희는 세상의 소금과 빛이다"라고 말씀하셨다. 진정한 믿음을 지닌 자들은 일터에서도 교회에서와 마찬가지로 동일한 역할, 영향력, 의미를 드러내야 한다는 말씀이다.

성경의 대표적인 신앙인 가운데 아브라함과 이삭, 야곱, 요셉, 모세, 여호수아, 다윗, 오바댜, 다니엘, 느헤미야 등은 모두 직업을 지닌 사람들이었다. 그들은 목자와 왕, 지도자, 이방나라 총리라는 직업을 가졌으며 하나같이 일터에서 하나님과 동행하며 하나님의 역사를 경험했다.

그들은 일터에서 많은 위기를 겪었으며 해결하기 어려운 장애물을 만났을 때, 하나님이 도우시는 역사를 경험했다. 그들에게는 일터에서 살아계신 하나님과 동행한 수많은 간증이 넘쳤다. 만일 우리가 진정한 신앙인이라면 성경 속 선배들처럼 각자의 일터에서 하나님과 동행하며 하나님의 역사하심에 대한 간증이 넘쳐야 할 것이다. 우리는 일터의 현장에서 마음과 뜻과 힘을 다해 주 하나님과 이웃을 사랑하며 살아야 한다. 그러므로 크리스천들은 일에 대한 관점을 바꿔야 한다. '죽지 못해 일한다'는 것이 아니라 일이 하나님이 주신 복이며 소명이라는 사실을 인식해야 한다. 소명의식을 갖고 일하며 일터에서의 선교사로 살아가기 위해서 가장 중요한 것은 물론 기도하는 것이다. '일터에서 기도하기'는 이 거친 세상을 일터의 선교사로 살아가려는 크리스천들에게는 너무나 중요하다.

나는 크리스천들이 일터에서 얼마나 기도하는지 궁금하다. '고아들의 아버지'로 불린 조지 뮬러는 매일 아침 몇 시간씩 고아원을 운영하는 데 소용되는 갖가지 필요들을 채워주시도록 하나님께 기도한 뒤에야 비로소 일과를 시작했다고 한다. 수잔나 웨슬리는 잠시도 쉴 틈이 없을 만큼 바빴지만 존 웨슬리와 찰스 웨슬리 등 자녀들을 위해 간절히 기도하는 일과만큼은 절대 빼먹지 않았다. 그녀는 앞치마를 두른 채 열심히 일하면서도 짬짬이 시간을 내어 기도했다. 종교개혁가 마르틴 루터 역시 하루에 두세 시간씩 기도했다. 그는 "구두 기술자나 재단사가 능숙하게 신발과 옷을 만드는 것처럼, 그리스도인들은 기도하는 일에 능숙해져야 한다"고 말했다. 조너선 에드워즈는 매일 허드슨 강둑을 거닐며 주님과의 '달콤한 시간'을 보냈다면서 "그때마다 하나님께 사로잡혀 하나님의 세계 속으로 빨려 들어가는 것만 같았다"고 기록했다. 이들뿐 아니라 신앙의 위대한 위인들은 예외 없이 자신의 일터를 기도의 제단으로 쌓았다. 그들이 기도했다면 우리 역시 일터에서 전심으로 기도해야 한다. 기도의 힘을 통해 일터를 하나님의 임재가 충만한 거룩한 곳으로 만들어야 할 책임이 우리에게 있다.

긴 학교생활을 모두 마치고 사회에 막 발을 디딜 때, 나는 '이제 돈을 많이 벌어 잘 먹고 잘살 수 있다'고 생각했다. 고생은 끝났고 행복이 시작될 것이라는 꿈에 부풀었다. 내가 선택한 직업이 돈벌이가 좋다는 치과 의사였기 때문이었다. 돈을 많이 벌면서 어려운 이웃을 위해 치과 치료 봉사도 하고 가끔씩 의료 선교도 갈 수 있다면 '크리스천 의사'로서의 내 본분을 다할 수 있다고 생각했다. 한 마디로 일을 열심히 해서 돈을 많이 벌고, 생색내기용으로 치과 봉사를 더하면 꽤 괜찮은 크리스천 의사가 될 것이라고 생각한 것이었다. 일과 직업을 밥벌이의 수단으로만 여겼다. 하나님은 '짝퉁 크리스천 치과 의사'가 될 뻔했던 나를 큰 시련을 통해 바른길로 인도해 주셨다. 그 시련을 통해 나는 '일은 하나님이 주신 복이며 소명'임을 철저히 깨닫게 되었다.

치과 개업을 한 지 일주일이 채 안된 어느 금요일 오후였다. 곧 퇴근해 신나게 주말을 즐길 생각으로 콧노래를 부르고 있는데, 병원 문이 열리는 소리가 들렸다. 30대 초반으로 보이는 한 남자가 손으로 이를 부여잡고 병원에 들어왔다. 한 눈에도 심상치 않은 환자라는 사실을 알 수 있었다. 일단 치료침대에 눕히고 치아의 상태를 이리저리 살펴보았다. 그런데 이게 웬일인가? 그는 심각한 교통사고를 당했던 것이었다. 치아 3개가 부러져 잇몸이 드러나 있었고, 2개는 깨어져 금이 가 있었으며 나머지 치아도 군데군데 상처를 입은 상태였다. 치아 전체에 성한 곳이 거의 없었다. 중상이었다.

갑자기 당혹감이 밀려왔다. 힘이 쭉 빠지고 식은땀이 흘렀다. 머리는 어지러웠다. 나도 모르게 "이걸 어떻게 하지, 이걸 어떻게 하지"란 소리를 내뱉었다. 정말 당황했다. 그 환자의 엄청난 상처들을 제대로 치료할 수 있는 실력과 능력이 내게는 없다는 사실을 알았기 때문이었다. 그런데 그 절박한 순간, "하나님께 기도해"라는 소리가 어디선가 들려왔다. 정신이 확 들었다. "그래 기도하자, 기도하면 돼"라면서 두 손을 모았다. 그리고 한 일 분 여간 "하나님, 도와주세요. 하나님, 제힘으로 못합니다. 하나님, 이 어려움을 극복할 힘을 주세요. 하나님께서 함께 해주시기를 간절히 간구합니다"라고 기도했다. 기도 가운데 번뜩 일에 대한 그동안의 나의 그릇된 자세가 생각나며 회개의 마음이 부어졌다. 간호사에게 엑스레이를 찍으라고 지시한 뒤, 재빨리 내 방으로 돌아와 문을 닫았다. 그리고 무릎을 꿇었다.

"하나님, 회개합니다. 크리스천 치과 의사로서 신나게 놀 궁리만 했지 전문인으로서의 실력을 키울 생각은 하지 않았습니다. 저는 크리스천 의사의 자격이 없습니다. 하나님, 용서해 주세요. 이 어려움을 잘 헤쳐나갈 수 있는 지혜를 주십시오. 저의 능력으로는 도저히 할 수 없습니다. 오직 하나님만이 하실 수 있습니다. 크리스천 의사로서의 바른길을 인도해 주세요."

　간호사가 밖에서 몇 번이나 문을 노크할 때까지 눈물로 회개의 기도를 드렸다. 그러고 나서 환자가 기다리는 방에 들어섰는데 '하나님께서 나와 함께 하신다'는 확신이 들었다. 엑스레이 사진을 보며 환자에게 현재의 상태를 자세히 설명했다. 시간은 좀 걸리지만 완벽하게 회복될 수 있다고 자신 있게 말해 주며 응급처치를 시작했다. '하나님께서 함께하시니 무엇인들 못하겠는가'라는 자신감이 들면서 어려운 치료도 척척 해낼 수 있었다.

　"다음 주 금요일에 다시 오라"며 환자를 돌려보낸 후 나는 주말에 놀기로 한 약속을 모두 취소했다. 대신 병원의 내 자리에 앉아 하나님께 감사 기도를 드렸다. "하나님, 함께 해 주셔서 감사합니다. 하나님, 함께 해 주셔서 감사합니다"라고 수없이 외쳤다. 그 순간, 평범했던 병원의 내 자리는 하나님의 임재가 넘치는 성소(聖所)가 되었다. 기도하면서 수많은 깨달음이 왔다. 이번 일이 나를 온전한 크리스천 의사로 세우시려는 하나님의 시험이자 선물이라고 느껴졌다. 기도만 한 것이 아니라 그 환자의 완벽한 치료를 위해 학교에 가 비슷한 사례의 치료 샘플들을 살펴보았다. 또한 교수들을 찾아가 상황을 설명한 후 효과적인 치료방법이 무엇인지 물었다. 연세대 치대 출신 학교 선배들에게도 도움을 요청했다. 또한 관련 논문과 실험 자료들, 잡지, 기록물 등도 엄청나게 찾아보았다. 기도와 함께 현실적인 능력의 제고를 위해 노력했던 것이다. 그 환자의 재방문까지의

한 주일 동안 정말로 기도와 말씀 묵상, 치료 실력과 능력 향상에 모든 힘을 쏟아부었다. 그렇게 일주일을 보내자 환자의 방문이 약속된 날 아침에는 두려움 대신 상쾌함과 자신감이 넘치며 마음 깊이 뿌듯함을 느꼈다. 하나님이 주신 자신감으로 가득 찼다.

드디어 그 환자가 들어섰는데, 낯빛이 어두웠다. 나는 잠시 기도한 후 그의 치아 상태를 살펴보고 앞으로의 치료계획을 일목요연하게 설명했다. 그리고 대화를 나눴다. "치아를 완벽하게 치료하기 위해서는 무엇보다 먼저 환자 자신의 마음이 안정되어야 합니다. 혹시 마음에 걸리고 불편한 것이 있습니까?" 바로 대답이 왔다. "아, 사실 몸도 마음도 너무나 아픕니다. 과연 제가 완벽하게 회복할 수 있을까요?"

나는 그에게 하고 싶은 말은 무엇이든 얼마든지 하라고 했다. 그는 마음에 진 응어리가 많았던지 10여 분간 이런저런 말을 쉴 새 없이 했고 나는 조용히 그의 눈을 응시하며 경청했다. 그는 속사포처럼 자신의 마음을 내뱉고 나선 속이 뻥 뚫린 것처럼 시원하다고 했다. 내가 "혹시 종교가 있습니까?"라고 묻자 "없어요"라고 대답했다. 나는 그에게 교회에 나가 하나님을 만날 것을 권면했다.

이런 대화를 나눈 후부터 그 환자의 회복 속도가 놀랍도록 빨라졌다. 나는 12주 동안 매주 한 번씩 그를 만나 즐겁게 이야기를 나누며 치료했다. 나중에는 그 환자가 오는 날이 기다려지기까지 했다. 똑같이 치료라는 행위를 했지만 이전과 달랐다. 하나님이 함께 해주신 치료 과정이었다. 하나님이 함께하시자 그저 돈벌이의 수단이었던 내 일터의 현장이 '거룩한 성소'가 되었다. 그런 면에서 내게는 참으로 의미 있고 뜻 깊은 만남이었다. 진실로 하나님께서 인도해 주셨음을 감사했다.

그때 하나님께 기도하면서 몇 가지 계획을 세우고 평생 지키기로 다짐했다. 첫째, 기도 생활을 쉬지 않기로 결심했다. 매일 시간을 정해 놓고 기도하기로 했습니다. 잠에서 깨어난 직후인 오전 5시 30분부터 6시 10분까지 40분간, 일과를 시작하기 전 10분간, 점심시간 때 10분간, 일과를 끝내고 10분간, 잠자기 전 30분간 기도하기로 했다. 그러면 하루에 최소 1시간 40분씩은 기도할 수 있었다. 아무리 바빠도 우선순위를 기도에 두면 확보 가능한 시간이었다.

둘째, 성경 말씀을 매일 묵상하기로 다짐했다. 아침과 저녁에 각각 적어도 1시간 이상 말씀을 읽고 묵상하기로 했고 그대로 실행했다.

셋째, 전문인으로서의 실력과 능력을 최고로 향상시키기로 결심했다. 크리스천 의사로서 누구에게도 뒤처지지 않는 실력과 능력을 쌓아야 한다고 생각했다. 이를 위해 주말에는 연장교육과 재교육 프로그램에 등록, 열심히 기술과 경험을 습득했다. 조금이라도 모르는 것이 있으면 교수님들과 학교 선배들에게 전화로, 이메일로, 또는 직접 찾아가 완전히 습득할 때까지 집요하게 매달리며 배웠다. 새로운 기술이 발표되는 치과 잡지나 관련 논문 등도 열심히 읽고 또 읽었다. 그러다 보니 치과 의사로서의 내 실력이 높아갔고 경쟁력은 배가 됐다.

기도수업

넷째, 어려움에 처한 이웃과 직원들에게 사랑과 배려, 나눔과 섬김을 실천하겠다고 다짐했다. 그 결과 LA와 오렌지카운티에 무료 치과 봉사 등을 위한 '선라이즈 커뮤니티 클리닉'을 설립, 어려운 이웃들을 위한 사랑의 봉사를 할 수 있게 되었다.

이런 것들이 내가 아메리칸 드림을 꿈꾸던 평범한 의사에서 하나님의 임재로 가득한 크리스천 의사로 변하면서 가능하게 된 것이었다. 그렇게 결심하고 하나님을 의지하며 기도의 삶을 살게 되자 주일과 평일의 구분이 없어졌다. 예배드리는 곳과 그렇지 않은 곳, 예배드리는 날과 그렇지 않은 날의 구별이 사라졌다. 그전까지 나는 교회나 예배 장소 등 특별히 구별된 장소에서 일정 시간을 드림으로써 하나님을 만나려 했다. 그러면서 그 장소와 시간을 벗어나면 다른 믿지 않는 사람들과 별반 다를 바 없이 살았다. 그러다 보니 내가 대부분 시간을 보내는 일터에서 하나님의 임재는 경험하기 어려웠다. 하나님이 우리에게 주신 거룩의 명령은 일터에서도 반드시 지켜져야 했다. 내가 정말로 거룩하게 만들어야 했던 곳은 비신자들과 만나는 일터였던 것이다. 내가 선 곳을 거룩하게 만들게 됨으로써 그곳을 통과하는 모든 사람에게 하나님의 영광을 전달할 수 있는 것이다.

나는 일터에서 구별된 거룩한 삶을 살기 원하는 크리스천들이 지녀야 할 3가지 사항을 이렇게 정리한다. 먼저 크리스천들은 일을 복음의 관점에서 이해해야 한다. 먹든지, 마시든지, 무엇을 하든지 모두 하나님의 영광을 위해서 해야 한다. 둘째, 크리스천들 역시 세상

속에서 살아가는 존재임을 잊지 말아야 한다. 셋째, 크리스천들은 일터에서 구별된 삶을 사는 것을 넘어 변혁자로서의 영향력을 끼칠 수 있어야 한다. 크리스천들의 삶의 궁극적인 목표는 일터와 세상을 변혁시키는 변혁자로서의 삶을 사는 것이다. 마태복음 13장 31~33절의 겨자씨와 누룩과 같이 더 깊고, 더 넓게 이 땅을 변혁시키는 것이다.

> "또 비유를 들어 이르시되 천국은 마치 사람이 자기 밭에 갖다 심은 겨자씨 한 알 같으니 이는 모든 씨보다 작은 것이로되 자란 후에는 풀보다 커서 나무가 되매 공중의 새들이 와서 그 가지에 깃들이느니라. 또 비유로 말씀하시되 천국은 마치 여자가 가루 서 말 속에 갖다 넣어 전부 부풀게 한 누룩과 같으니라."

사실 이런 일들은 결심과 의지만으로 되지 않는다. 반드시 기도라는 우리의 최고의 무기를 사용해야 한다. 모든 삶의 영역에서 하나님이 원하시는 거룩을 이뤄나가겠다고 결심하며 그 힘을 달라고 기도해야 한다. 기도하다 보면 달라진다. 그래서 하루의 70%를 보내는 일터에서 기도하는 것이 중요하다. 기도할 때 일터는 하나님을 체험하는 멋진 예배의 장소가 될 수 있다.

모두가 일터에서 열심히 기도하며 거룩의 삶을 실천하기 바란다. 일터의 변혁자가 되기를 소망하시라. 그곳을 하나님의 임재가 가득한 곳으로 변혁시키시라. 하나님이 함께하실 때, 여러분이 선 그곳은 어디든지 거룩한 곳이 될 수 있다. 우리의 일터를 거룩한 성소로 전환시키는 것이야말로 현대를 사는 크리스천들의 최고의 작업이 되어야 한다. 그렇게 될 때 이 자본주의 사회에서 그렇게 소중히 여겨지는 돈과 직업을 기도와 예배로 승화시킬 수 있다.

기도수업

초판 1쇄   2019년 9월 25일

지 은 이 _ 최학선
펴 낸 이 _ 이태형
펴 낸 곳 _ 국민북스
편   집 _ 김태현
디 자 인 _ 서재형

등록번호 _ 제406-2015-000064호
등록일자 _ 2015년 4월 30일

주   소 _ 경기도 파주시 와석순환로 307, 1106-601 우편번호 10892
전   화 _ 031-943-0701
팩   스 _ 031-942-0701
이 메 일 _ kirok21@naver.com
ISBN 979-11-88125-17-3